日本子ども社会学会セレクション

深谷昌志

学校とは何か

「居場所としての学校」の考察

北大路書房

もくじ

序章 心の居場所としての学校というとらえ方

1 学校機能の肥大化 ... 1
2 文化の発信地としての学校 ... 3
3 学校文化の革新性と老化 ... 6
4 国際比較を通して ... 9
5 学校の機能が変わる ... 12

1章 学校の居心地

1節 学校の楽しさ ... 15
1 学校の楽しさ ... 15
2 学校は楽しい場か ... 18
3 子どもの声を聞く ... 21
4 学校の設備と居心地 ... 23
　校舎や教室への希望

2節 学校の楽しさと教育活動 ... 25
1 学校の楽しさ ... 25
2 学校行事の楽しさ ... 27
3 学校内での行動規範 ... 30
4 授業がわかる・わからない ... 33
　学級の満足感

3節 学校が楽しみな子・楽しくない子を支える要因 ... 34
1 楽しい子どもと楽しくない子どもとの関連 ... 37
2 学校が楽しみな子どもの条件 ... 40
3 授業の理解と学校の楽しさ ... 41
4 学校文化と楽しさ ... 44
5 学校の楽しさを支える条件

2章 楽しい学校と楽しくない学校 ... 47

1節 学校差の検討

3章 中学生にとっての学校

1節 学校の楽しさ

1 調査のデザイン 77
2 中学の充足感 80
3 授業の理解度 83
4 授業の荒れに関連させて 85
5 学校内の人間関係 88

2節 楽しさの時系列的な類型化

1 「楽しさ」の類型化
2 学校がつまらない背景 92
3 友だちや先生との関係 94
　　　　　　　　　　　97

3節 楽しい学級とその背景

1 学級差の存在 69
2 評価の高い学級・担任 71
3 楽しい学級の状況 73

2節 楽しい学校の条件

1 授業の理解 56
2 担任や学級への評価 59
3 学級の人間関係 60
4 楽しさを支える条件 62
5 学校ごとの特性 65

1 調査校のプロフィール 47
2 学校ごとの楽しさ 48
3 学校施設と学校の楽しさ 51
4 学校行事との関連 54

4章 中学校の学校差や学級差をめぐって

1節 学校差を深める

1 各校の概略 103
2 「楽しさ」の学校差 105
3 友だちのいる学校・学力のつく学校 109
4 学校ごとのプロフィール 110

2節 充足感を持てる学級・持てない学級

1 学校差や学年差 115
2 学級差の状況 117
3 楽しさに欠ける学級 119
4 教師のプロフィール 121

終章 楽しい学校は可能か

1 楽しさの間接的な条件と直接的な条件 127
2 学校の単位は集団か個人か 132
3 孤立に慣れた成長のスタイル 137
4 「社会性を育てる」を学校の基礎に 140
5 新しい意味で「学級王国」作りを 141
6 学級の枠を緩める試みを 144
7 「教える」から「支える」への転換 145

序章 心の居場所としての学校というとらえ方

1 学校機能の肥大化

このところ、子どもにとっての学校の居心地が問題になることが多い。いじめやキレル、不登校、授業崩壊など、学校内の人間関係がもつれ、問題状況が生じていることを耳にする。そのたびに、現代の学校は子どもにとっての安住の地になっていないのではという疑問が浮かんでくる。

子どもたちは毎日何時間かを学校で過ごしている。しかも、休みの時期を除くと、子どもは毎日学校へ行くことが求められる。学校週五日制の導入がきっかけとなって、学校へ通う日数が少なくなった。といっても、子どもは毎年二百日以上も通学している。そうした学校生活が、幼稚園から大学まで二十年近く続く。少なくとも、大半の子どもは二十歳前後まで、学校を中心にした生活を送っている。

子どもは家庭と学校、地域の中で育つといわれる。一昔前まで、子どもは地域で群れをなして遊んでいた。そして、かくれんぼや鬼ごっこなどの遊びを通して、友だちとのつきあいを覚えていった。

それと同時に、木登りをする、川で魚をとるなど、地域の中で、さまざまな生活体験を重ねていくことができた。しかし、地域での生活が薄れ、地域に子どもの影を見なくなってからすでに久しい。そうなると、子どもたちが群れ遊びや地域での体験を通して身につけた「人間関係を育てる」ことや「生活体験を積む」などの機能を地域に求められなくなる。

そうした機能の縮小は家庭についてもあてはまる。かつての家庭は自給自足の単位だった。そして、子どもたちは家庭で、家業の農漁業を助けたり、家事や育児を手伝ったりして、さまざまな体験を積みながら成長するのが常であった。しかし、核家族化はむろんのことだが、少子化が進むなかで、家族は消費の小さな単位となり、家庭の中で子どもが果たす役割はほとんどなくなってしまった。親から保護され、のんびりと時間を過ごしているのが、家庭内での子どもの姿であろう。親の庇護のもとで、子どもは精神的に安定して成長する。そうした役割も、家庭の持つ大事な機能だとは思うが、それ以外の働きを現在の家庭に期待できないように思われる。

地域や家族が子どもの成長に果たす役割について別の機会に譲らざるをえないが、地域が子どもの成長に果たす役割を失わない、家庭も機能を縮小している。そうなると、これまで地域や家庭が果たしていた友だち関係の形成や生活体験を積むなどの役割を学校が担うことになる。そして、学校の機能が肥大化することになる。家庭も機能を縮小している。そうなると、これまで地域や家庭が果たしていた友だち関係の形成や生活体験を積むなどの役割を学校が担うことになる。そうなると、学校の機能が肥大化することになる。その結果、学校の果たす役割が増す。

本書は学校の居心地を問題にしようとしているが、考え方によれば、家庭や地域がそれなりの機能を果たしているなら、学校の意味が相対的に縮小される。学校がつまらなくとも、地域で活躍すれば

2　文化の発信地としての学校

　仕事の関係で盛岡を訪れた折、玉山村渋民に足を伸ばした。石川啄木の記念館を見学したかったからだ。記念館のかたわらに、啄木が代用教員をしていた時の校舎が保存されていた。

　二階建ての大きな木造建築で、一階に職員室や用務員室、子どものたまり場があり、二階は左右二室、計四教室という造りである。明治十七年の建築なので、百年以上経っているが、現在でも、堂々としている。学芸員の説明によると、開学した当時、この校舎を見学しに近くの人が集まったと聞くが、十分に納得ができる。

　明治初期の校舎といえば、松本の開智学校や岩村田（長野県）の中込学校を連想する。いずれも、学制発布直後に建てられた西洋風の二階建て校舎で、バルコニーや鐘などがあって、文明開化の香りのする建物である。「身を立て、名を上げ」に象徴される学制の理念に賭ける人々の熱気が伝わってくる思いがする。

正直なところ、かつての学校がそれほど子どもの居心地を配慮していたとは思えないし、子どもにとって学校は、居心地の良い場でなかったように思われる。そうした意味では、学校の居心地が論議されるのは、学校の機能が肥大化している現在の情況を反映しているように思われる。

よいし、家庭で自分の存在を発揮すればよい。実際に地域にガキ大将が活躍していた頃、ガキ大将にとって地域は自分らしさを発揮する場であった。そうなれば、学校の居心地はそれほど問題にならない。

もちろん、明治時代は財政的に貧しく、学制の理念に近い校舎を建てるのは困難だった。そのため、多くの小学校は寺子屋を転用したもので、開智学校などは近代教育に対する政府の意気込みを示す数少ないモデルスクールだった。

その後、各地で、渋民の学校がそうであるように、地域の総力を結集する形で、西洋風の学校が建てられるようになる。そして、明治三十年代の半ばを過ぎる頃から、どの村落へ行っても、地域の中心部に学校があり、学校は地域に新しい時代の文化を発信する文化センターとしての機能を果たすようになる。

電子メディアに囲まれた現在では考えられないことだが、テレビやラジオはむろんのこと、新聞や雑誌ですら、接する機会は少ない。それだけに、村落に新しい情報は届きにくかった。そうした状況のもとで、学校は、地域に西欧の息吹をもたらす窓口で、多くの人々は学校を通して新しい時代の到来を感じることができた。

子どもたちがオルガンに合わせて小学唱歌を歌う。女の子がブルマーをはいて、校庭を走る。あるいは、地球儀を通して、日本の小ささを知る。そして、理科の授業を通して、物質の合成を理解するなど、いずれも、当時のおとなにとって、革命的なできごとであった。

それまでの寺子屋では、伊呂波から往来物へいたる教材配列から推定できるように、手近に役立つ教材を教えてくれた。寺子屋は手習いが中心で、算数を教えることは多くはなかったが、算数を扱う場合も、単位は匁や寸などの和算だった。しかし、明治政府の作った学校では、西欧の知識をモデルとしていたから、万国地理や万国史を扱うことになる。しかし、自分の住む地域がすべてで、日本が

大きな社会と思われていた時代である。それだけに、庶民にとって、高い月謝を払って、ヨーロッパや南米などの万国地理を学ぶ必要は感じられなかった。万国史を通してフランスやイギリスの歴史を学ぶことの意味も分からなかった。まして、メートルやグラムなどの洋算は実生活とかけ離れた不要な学習だった。

学校で和算を教えるのか、それとも、洋算を伝達するのかという問題は学校の果たす社会的な役割に関連してくる。十九世紀に入ると、アジアの多くで欧米による植民地化が進んでいる。明治政府は植民地化されないように、日本社会の近代化を急いだ。その具体的な施策として、学校を通して急速な西欧化を図ろうとした。土着の和算に慣れた民衆が洋算に反発しても、西欧で通用している洋算政策を強行せざるを得なかった。

こうした情況を反映して、明治の学校は土着の文化を切り捨て、西欧志向の強い特性を備えていた。それだけに、親たちの間に、土着の寺子屋を慕い、お上の決めた学校への就学を嫌う傾向が根強かった。それでも、時間が経過するうちに、「文明開化の時代だから、自分にはなじみにくいが、新しい時代の流れには逆らえない。少なくとも、子どもにはそうした西洋の学問が必要だろう。だから学校へ行かせよう」という親たちの思いが重なって、明治三十年代に入ると、子どもの小学校への就学が定着していく。

学校はいわば西洋文化を伝達してくれる「聖域」(サンクチャリー)で、地域の文明開化は学校を通して進んでいったように思われる。そして、子どもからすれば、学校へ行くと、未知の広い世界にふれることができる。学校の授業で、メートルやグラムを学ぶ。あるいは、日本を越えて、ヨーロッ

パやアメリカの地理や歴史を知る。それだけでも、親の持っている世界を越え、文明開化に近づきうる。そう感じられるから、子どもにとって、学校へ行くのは楽しみだった。

3 学校文化の革新性と老化

明治十年代まで、学校へ通い、長い期間、学習できるのは少数の子どもに限られていた。しかし、明治三十年代の後半になると、就学が実質的に定着し、津々浦々で学校教育が定着するようになる。

「学校」というと、教室や担任の先生、教科書、黒板、通信簿、運動会、修学旅行といったものを思い起こす。教育史的にいえば、このどれをとっても、明治三十年代半ば頃に、学校に定着している。学級を例にすると、明治二十年代までの学校は、学期ごとの試験の結果で進級する制度がとられていた。したがって、同時に入学した仲間でも、試験で良い成績をとれず、原級に留め置かれる者が生まれる。そうなると、学級の仲間がいつもいっしょに進級するというような学級的な感覚は持てない。現在に例をとって、図式化をすれば、明治初年の学校はそれぞれが自分のペースで学習を進めるという語学スクール的な学習の進め方を採用していた。

しかし、明治二十四年に、期末試験の点数によって進級が決められる制度が廃止された。そして、小学校は、同じ年度に入学した子どもが、原則として同じ年度に卒業するようになった。そうした背景から、制度としての学級が誕生し、何十人かの子どもが担任と二年間学校生活をともにする形態が定着する。そして、せっかく、学級があるのだから、その学級を学校生活の基礎に据え、学習などに活用しようという動きが生まれてくる。

もっとも、明治末になっても、学校の多くは寺子屋の流れを受け継いだもので、長屋を教場とする感じの学校も少なくなく、設備条件が劣悪だった。そこで、教場の広さや照明、机の大きさなどの基準を定めて、それへの遵守を求めた。黒板や机や椅子といった設備規定も、当時としては、西欧化を象徴するモダーンなものであった。

もちろん、法規で規定されていても、財源的な支えに乏しいので、規定通りの学校ができることはなかった。努力目標として、あるいは、本来望ましい形を提示する意味での規定だった。しかし、時間が経つにつれ、法的な規定と現実との距離が縮まり、規定通りの学校が作られるようになる。

こうした設備面の整備に加え、教育史の資料によると、明治三十年の後半から四十年にかけて、各県で児童管理規則が制定されている。その中に、「授業中に、質問する時は指をまっすぐに揃えて、右手をあげる」や「教室の出入りにあたって、『気をつけ』『前へ進め』『右向け右』などの指示に従う」などの規定がみられる。

この他に、この時期、運動会が学校で実施されるようになった。運動会のプログラムを見ると、百メートル競争や借り物競争、障害物競争、騎馬戦などがみられる。

歴史的にたしかめると、イギリスの士官学校のスポーツプログラムを東京高等師範の附属小学校で実施したのが運動会のルーツといわれる。明治十年代なのであるから、子どものスポーツなどは考えられなかった時代である。

それだけに、運動会は、当時としては、文明開化を連想させる画期的なプログラムだった。そうした運動会が、各県の師範学校で実施され、その運動会をモデルとして、明治三十年代に市町村の各学校

で運動会が開催されるようになったといわれる。

もっとも、学校内の「右向け右」「前へならえ」にしても、多くの庶民にとって子どもの集団的な行動はなじみ薄い時代なので、親たちには目新しい行動であった。まして、運動会では、万国旗が飾られた会場に、音楽が流れ、女子を含めて、子どもたちが走ったり、跳んだりする。スポーツや娯楽的な感覚の少ない状況の中では、運動会は、村人の目を引きつけるに値する一大イベントだったのであろうから、村人たちは弁当持参で運動会見物を楽しんだのであろう。

運動会と同じように、修学旅行は、明治三十年代から始まっている。これは、開通したばかりの鉄道を使って、東京や京都を見学するという一生に一度の大旅行だった。長野県の子どもが、修学旅行で鎌倉へ行き、大仏を見ると同時に、海水の塩辛さを味わう。心理的には、現在の子どもが、アメリカの西海岸へ行くより遠い旅であった。

このように学級内に、黒板や机があって、教科書を中心とした授業が行われる。それと同時に修学旅行や運動会などの現在の学校文化の多くは、明治三十年代に導入され、明治末期に定着している。そうした学校文化の多くが、当時としては革新的な性格を強く持っていたのはすでにふれた通りである。

それから一世紀が過ぎ、家庭や地域の中で明治のふんいきは遠くなってしまった。しかし、運動会や教室の大きさから、教室内での行動にいたるまで、学校文化の多くは明治の頃とスタイルを変えていない。その結果、現在の学校に明治が数多く残存する状況を招いている。そうなると、かつての学校文化が持っていた革新性が薄れ、学校は時代から遅れるようにある。現代の学校文化の多くは老化

4 国際比較を通して

いろいろな社会を訪ねると、それぞれの社会らしさを反映した学校に出会う。アメリカの町へ行くと、のびのびとした明るいふんいきのアメリカらしい学校がある。ドイツには、アメリカと比べると、秩序のとれた学校がみられる。そこで、そういう比較のなかで、日本の学校の特色をとらえると、どうなるのか。そうした考えで、子どもにとって学校の持つ意味を比較調査の形で確かめてきた。

その中に、子どもにとって、教師がどういう役割を果たしているのか、国際比較調査を行ったことがある。この調査で、学校へ通う楽しさについて設問しているので、その結果を引用してみたい。

表0−1に示したように、東京とソウル、北京、ミルウォーキー、オークランド（ニュージーランド）とサンパウロの6都市の小学5年生を対象として調査を行ったのだが、表中の数値が示すように、学校へ行くのが「とても楽しみ」なのが、北京そしてやや間を置いて、ソウル、サンパウロ、ミルウォーキーとなる。残念ながら、東京の学校の楽しさは、「とても楽しみ」が19・9％で、2割を下回る。その結果、学校の楽しさは、6都市中の最下位である。

もう一つ、表0−2を紹介しよう。表0−1の「学校の楽しさ」と反対に、「朝、学校へ行きたくない」と感じるかどうかを示している。「学校へ行くのを嫌がる」のを、「行きしぶり」ということが多いが、行きしぶりの1位はソウル、2位はオークランド、3位がミルウォーキーとなる。そして、東京は「行きたくない」と思う割合は相対的に低く、6都市中の5位にとどまる。東京の学校は、楽

しくはないが、嫌という感じでもないのであろうか。

表0-1と表0-2とを重ねあわせて、学校の楽しさを考えると、以下の通りとなる。

・北京＝学校が楽しく①、行きしぶりが少ない⑥
・ソウル＝学校は楽しいが②、行きしぶりの気持ちも強い①
・オークランド＝まあ楽しいが③、行きしぶりの気持ちもある②
・ミルウォーキー＝オークランドと似ている ④と③
・東京＝楽しくないが⑥、行きしぶりも少ない⑤
・サンパウロ＝東京と似ている⑤と④

（ ）内は6都市中の小計順位

● 表0-1　学校へ通う楽しさ　　　　　　　　　　　　　　　（単位は%）

	東京	ソウル	北京	ミルウォーキー	オークランド	サンパウロ
とても楽しみ	19.9	35.2	61.6	26.5	25.5	31.9
わりと楽しみ	36.4	41.3	32.7	32.9	39.5	25.9
楽しみ小計	⑥ 56.3	② 76.5	① 94.3	④ 59.4	③ 65.0	⑤ 57.8
少し楽しみ	27.5	10.5	5.3	27.0	25.5	32.1
あまり楽しくない	12.0	9.5	0.4	8.2	6.9	6.3
全然楽しくない	4.2	3.5	0.0	5.4	2.6	3.8

● 表0-2　朝，学校へ行きたくない　　　　　　　　　　　　（単位は%）

	東京	ソウル	北京	ミルウォーキー	オークランド	サンパウロ
いつも思う	6.1	14.8	5.5	13.3	13.2	8.4
わりと思う	10.1	17.3	4.1	10.5	13.8	9.9
思う小計	❺ 16.2	❶ 32.1	❻ 9.6	❸ 23.8	❷ 27.0	❹ 18.3
たまに思う	25.4	21.3	12.6	23.2	17.7	21.0
あまり思わない	31.9	16.3	18.7	18.8	19.2	25.7
全く思わない	26.5	30.3	59.1	34.2	36.1	35.0

ここで、この調査結果に詳しくふれるつもりはないが、二つの表から判断すると、もっとも楽しそうな学校は北京、次いで、行きしぶりたくなる気持ちがあるが、それでも楽しいのがソウルとなる。

そして、表0－3の時間ごとの楽しさ（合計）でも、北京の学校がもっとも楽しく、次いで、ミルウォーキー、楽しくないのが東京という結果である。

調査にあたって、各地域の学校を訪ね、学校の状況を聞くと同時に、調査にも立ち会った。そうした印象からすると、子どもからの評価と筆者のみた学校の楽しさとの間に開きが感じられる。もちろん、筆者は6つの都市の学校を見学しているので、全体を比較して順位付けできる。しかし、子どもたちは他の都市の学校などを知らないから、自分の学校だけをみて評価を下す。したがって、比較教育学的に学校をとらえる見方とはあれ、子ども自身の判断では、一番楽しく学校へ通っている子どもが多いのは北京なのであろう。

しかし、筆者の目には、子どもがもっとも楽しそうなのはミルウォーキーの学校、次いで、オークランドの学校だった。学校がカラフルで、全体に明るく、子どもものびのびとしている。教師もきめ細やかに子どもに接している。どの子どもも充足感を持てそうな学校だった。

それに対し、北京とソウルはアジア型の学校で、教師が学級で一斉授業をするスタイルである。日本の学校と共通している部分が多いので、違和感は少ないが、それでも、

●表0–3　時間ごとの楽しさ　　　　　　　　　　（単位は％）

	東京	ソウル	北京	ミルウォーキー	オークランド	サンパウロ
授業の始まる前	⑥ 10.2	28.4	① 38.4	26.9	26.5	27.0
算数の時間	⑥ 12.6	23.1	① 46.5	32.1	31.6	22.7
体育の時間	⑥ 47.4	① 76.6	57.5	67.8	56.3	72.9

「とても楽しい」割合　①⑥は6都市中の順位

子どもは静粛に授業を聞いているだけで、どう考えても楽しいという感じの学校ではない。こうした調査を行ってみると、子どもの置かれている状態が学校の居心地と関連しているのがわかる。サンパウロの学校は七時、十一時、午後三時、七時の四部制だ。慢性的に教室不足とかで、一つの教室を四回に分けて使う。学校には教室しかなく、運動場はむろん、理科の実験室や音楽室はない。しかも同じ教室を一日に四回使うので、教室に子どもの絵を飾ったり、壁新聞をはったりできず、教室は殺風景になる。

午前は働かないでいい子どもが通う学校、午後は昼間働く子どもの学校である。そして、町には学校へ行けない子どもの姿がみられる。それだけに、午前中の子どもは、午前の学校へ行けるだけで幸せに思えるのであろう。

北京の学校も、建物としては立派でないし、授業を見ていても楽しいとは思えない。しかし、北京では、親たちの世代は文化革命の影響で学校へ行けなかった経験を持っているし、最近まで、社会主義のふんいきが強かった。自由な感じで学校へ行けるようになったのはここ十年くらいのことだという。そう考えると、子どもたちが学校は楽しいというのも理解できるような気がする。

5 学校の機能が変わる

こうした国際比較的な視点でとらえてみると、学校での居心地が社会の中で学校の占める位置と関連しているのがわかる。子どもをめぐる状況が厳しく、就学するのが困難だった時代には、質素で何もない学校でも、子どもは十分に幸せな感じを持てる。学校にいる間は働かな

くてよい。それだけでも、うれしいが、そのうえ、勉強ができて、習得したものを職業に生かしていける。

そうした事情からか、発展途上の社会では、学校には、運動場や理科室はなく、授業する教室だけの質素なものだが、そうした学校へ、楽しく通学している子どもの姿を見ることができる。日本の明治や大正期の学校も、現代と比べた場合、学校がそれほど充実し楽しかったとは思われない。ただ、当時の子どもたちは、学校へ行けるだけでもうれしかったのではないか。

それと同時に、発展途上社会の学校は、社会の先進地域だった。社会の水準が高くない社会では、先進する社会の学校をモデルにすれば、革新的な学校を作ることが可能になる。すでにふれた明治期の学校が持っていた革新性の多くは、西欧をモデルにしたものだった。そして、実際にも、西欧を取り入れれば、現状を打破する革新的な性格を持ちえた。

しかし、社会が成熟してくると、家庭や地域の条件が整備されてくるので、学校だけが楽しいという情況は失われる。それと同時に、産業化された社会では企業やマスコミなどが先進地域となるので、学校が社会をリードする構図は成り立ちにくい。

現在の日本は高度に成熟した電子メディア社会下にある。不況といっても、子どもたちは学校へ通うのがあたり前という感覚を身につけつつある。少なくとも、小学校から高校までの十二年間の就学は当然で、大学進学すらも普通の行為になりつつある。そうなると、どの子どもも学校へ行くのであるから、子どもたちは通学に新鮮な喜びを見出しにくくなる。というより、長い期間学校へ行かねばならないという義務感のほうが強まる。

さらにいえば、グローバル化が進む現在、欧米の情報が日本にも同時に伝えられる。したがって、欧米をモデルに学校を作っても、明治や大正の頃のようなインパクトを与えにくいのではないか。そうかといって、未来社会をリードするような新しい学校システムの開発はいうは易く、行ないにくい。このように考えてくると、一昔前なら学校へ行くだけで、子どもは幸せだった。そして、社会的にも、少し頑張れば先を見通せた学校作りが可能だった。それだけに、学校での充足感などを考える必要はなかった。しかし、すでにふれたように、現在では、通学が当然になり、むしろ、行かねばならないという義務感を伴う。しかも、学校へ行っても、胸躍らせるものがない。それにしては、子どもは多くの時間を学校で過ごさねばならない。そうした背景から学校内での居心地の良さが低下する。それだけに、学校が社会の中でどのような機能を担うことができるか。換言するなら、学校のあり方を考えることが重要になる。しかし、そうした検討は後に譲り、以下4章に分けて、子どもにとっての学校の居心地を考えていくことにしたい。

〈参考文献〉

国際比較調査のデータは「第5回国際教育シンポジウム報告書」ベネッセ教育研究所　一九九七年

1章 学校の居心地

1節 学校の楽しさ

1 子どもの声を聞く

　子どもたちは、学校にどういう気持ちで通っているのだろうか。あたり前のことだが、子どもがいなければ、学校は成り立たない。しかし、公立の小中学校の場合、校区（学区）の規定があるので、黙っていても子どもが在籍する。しかし、私立学校や専修学校、そして学習塾やけいこごとなどでは、経営努力を怠ると、在籍者減になり、経営が危うくなる。それだけに、学習者の意識に配慮をするようになる。もっとも、小中学校でも、東京などでは、校区（学区）の撤廃が進んでいるので、在校生や保護者の意向に配慮する気運が強まりつつある。

そうはいっても、現在でも、多くの学校は保護者や子どもの意向への配慮に乏しい印象を受ける。どの世界にせよ、利用者の声に耳を傾けるのが、企業戦略の鉄則であろう。どんなに優れた経営方針を考えたとしても、利用者からの支持を受けられないものは、送り手の独りよがりで、いずれは淘汰されることになる。

もちろん、利用者の声は絶対ではない。というより、利用者は薄情で移り気なもので、良いとなれば群がるが、悪いとなれば見向きもしない。

われわれが衣料品とか食料を求める場合、消費者としての立場から、良い、悪いは判断できる。そして、気に入ったものは、飽きがきて、さらに購入するが、嫌と思えば、二度と買おうとしない。同じものが続くと、飽きがきて、他の製品に目移りがする。そして、消費者はその製品がよいと思えば、それまでの延長線上で、新製品も購入するが、悪いと思えば、他の製品に乗り換える。

そう考えると、利用者は消費者として商品についてのジャッジを下せるが、次のステップを示してはくれない。製品のコンセプトを作り、製品の開発をするのはあくまでメーカーの仕事で、開発されたものを受け入れるかどうかがユーザーの反応ということになる。

学校にとってのユーザーは子どもであろう。しかし、全体としてみると、学校がユーザーの声を授業に反映させようとする動きがみられる。

教育機関の場合、どうして学校サイドの判断がすべてで、ユーザーである子どもの気持ちが配慮されることは少ない。

16

まず、小中学校という枠を離れて、もう少し広く教育場面を考えてみよう。パソコンの学習でも、ゴルフのスクールでもかまわない。そうした場合、学習者は、これから学習するのであって、何をどう学習したいかと問われても、返答に困る。パソコンのことがわからないから学びにきたのであって、パソコンの技能を習得するステップなどがわからなくて当然であろう。学習の筋道を設定するのは、あくまで学校であろう。小中学生にカリキュラムや指導計画などを作れるはずもないし、たずねること自体無責任のように思える。

しかし、だからといって、学習者の声を無視してよいということにはならない。なぜなら、パソコン学習をする場合、学習者がカリキュラムを組めないことはたしかであろうが、それでも、学習している内容について、難解とか易しすぎるなどの評価を下すことはできる。そして、そうした学習者からの評価はカリキュラムが妥当だったかを判断する時の基本的なデータとなる。

したがって、学校が教育の成果をきちんと押さえようとするなら、学習者の評価がすべてではないにせよ、学習者の反応に耳を傾け、学習者からの評価を求める態度が必要になる。

なお、学習者がおとなの場合、学校側は、学習者からの意見を素直に聞くことが多い。しかし、学習者が子どもの場合、子どもはきちんとした判断を下せないと見なしがちだ。そして、子どもの声を聞こうという姿勢に欠けがちになる。つまり、小中学生が学習者の場合、学習者であるうえに、子どもという二重の意味で、評価の範囲外に置かれがちになる。

しかし、子どもは子どもなりに、学校について感じていることがあるのではないか。子どもの声を

2 学校は楽しい場か

子どもたちに学校の居心地についての調査を行なうことにした。調査は東京近郊の公立小学校11校で、調査は二〇〇〇年二月から三月にかけて実施された。調査に協力した学校についての詳細は、後にふれることになるが、いずれも平均的な公立小学校である（表1−1）。

子どもたちの学校に対する気持ちをどういう設問でたずねたらよいのか。教育社会学的な方法で対象に接近をする場合、アンケートのワーディングが重要になる。調査のデザインを考える際、いかに緻密で精巧な仮説を設定していても、子どもの気持ちにフィットした設問を用意しないと、子どもの声を聞き出すことができなくなる。

今回の調査では、「あなたは、朝、目がさめた時、学校へ行くのが楽しみですか」の形で設問してみた。この結果、このワーディングを使っての集計結果を表1−2に示した。

この結果から、四つの傾向をうかがうことができよう。

① 学校へ行くのが「とても楽しみ」な割合は15・4％にとどまり、「わりと楽しみ」を含めても43・9％である。

② 全体としてみると、学校が楽しみな子どもが4割強、「少し楽しみ」な子どもが3分の1、「楽

●表1−1　サンプルの構成　（人）

	4年	5年	6年	合計
男子	292	342	418	1052
女子	295	343	369	1007
合計	587	685	787	2059

③ 学年別では、小4から小6へ、学年が上がるにつれて、楽しさが減る傾向が認められる。「とても」「わりと」楽しみの割合小計は小4の48・0％から、小5の44・5％、小6の40・0％のように、学年が上がるにつれて、学校の楽しさが低下している。

④ 性別では、男子より女子のほうが、学校を楽しみにしている。大づかみにすれば、学校が「楽しみ」「少し楽しみ」が4割強、「楽しみでない」が2割強となる。

 学校が「とても」楽しいは15・4％だが、それでも、半数近くの子どもが、学校を楽しみにしているのがわかり、ほっとする反面、「楽しみでない」が2割を超えている点が気になる。

 しかし、一問だけの回答から、学校へ満足する子が4割強で、不満な子どもが23・1％と決めてよいかは疑問が残る。そこで、この調査では、学校の満足度について、別の設問を試みてみた。

「あなたは、学校が好きですか」の問いに対する回答は、「とても好き」が30・9％で、これに、「わりと」の33・1％を含めると、好きの割合は64・0％にのぼる（表1－3）。学校は「楽しみ」というほどではないが、子どもにとって、好きな場所が学校なのであろう。

●表1-2　学校の楽しさ　　　　　　　　　　　　　　　　　　　　（単位は％）

		とても楽しみ	わりと楽しみ	楽しみ小計	少し楽しみ	あまり楽しみでない	全然楽しみでない
全体		15.4	28.5	43.9	33.0	16.2	6.9
学年	4年	18.6	29.4	48.0	31.9	14.9	5.2
	5年	14.0	30.5	44.5	33.3	15.5	6.7
	6年	14.0	26.0	40.0	33.8	17.8	8.4
性別	男子	13.4	25.5	38.9	34.0	18.2	8.9
	女子	17.4	31.6	49.0	31.8	14.3	4.9

この結果を、表1－2と比べると、

③の学年が上がると楽しさが減る傾向と④の男子より女子のほうが楽しみは、「好き」の場合も、共通している。しかし、「とても好き」の割合は、「とても楽しみ」より、15・5％多い。

したがって、学校が「好き」か、それとも「楽しい」を用語とするかで、数値に多少の開きが認められる。そして、「学校が楽しみ」の場合、楽しみな子どもはほぼ半数、「やや楽しい」が2～3割、「楽しくない」が2割弱程度となっている。そして、「学校が好き」の場合、「楽しみ」より数値が2割ほど高い傾向が得られている。

これまでとは逆に、学校での気持ち（居心地の悪さ）をたずねた結果が、表1－4である。「とても」に「わりと」

●表1-3 学校が好き （単位は％）

		とても好き	わりと好き	好き小計	少し好き	あまり好きでない	全然好きでない
全体		30.9	33.1	64.0	20.2	9.0	6.8
学年	4年	37.0	31.3	68.3	17.1	7.9	6.7
	5年	27.0	35.9	62.9	21.7	7.8	7.6
	6年	29.7	31.9	61.6	21.3	10.9	6.2
性別	男子	27.7	31.6	59.3	22.5	9.6	8.6
	女子	34.4	34.5	68.9	17.9	8.4	4.8

●表1-4 学校での気持ち （単位は％）

	とても	わりと	小計	時々	あまり	全然
学校がつまらない	9.1	7.8	16.9	21.3	21.9	39.9
学級でイライラする	6.0	5.9	11.9	14.1	20.8	53.2
親しい友といても疲れる	4.1	5.6	9.7	12.4	20.8	57.1
学級に話せる友がいない	4.0	4.2	8.2	9.9	20.7	61.2
仲間に入れてもらえない	3.0	4.9	7.9	12.9	26.3	53.9
5項目の平均	5.2	5.7	10.9	14.1	20.9	54.1

を加えた場合、「学校がつまらない」が16・9％、「イライラする」が11・9％と、学校で閉塞感や孤立感を味わっている子どもが1割を超える。

「学校がつまらない」から「仲間に入れてもらえない」までの5項目はそれぞれ意味を異にしているが、参考までに5項目を加算して平均をとってみると、学校生活に閉鎖感とか孤立感を味わっている子どもが1割程度を占める。「時々」を含めると、孤独感を持っている子どもは25・0％、つまり、4分の1にのぼる。もちろん、半数の54・1％は、閉塞感はまったく持っていないと答えている。したがって、半数の子どもが学校を楽しにしていることはたしかだが、1割、やや多めにいえば、4分の1の子どもが、学校で孤立感を味わっているのも否定できない。

3 校舎や教室への希望

設問の項目は、学校が「好き」でも「楽しみ」でもよいが、学校が楽しみといっても、その背景は多様であろう。「友だちがいるから」学校が楽しいと答える子どもが多いと思うが、なかには、勉強が好きだから、学校が好きという子どももいよう。学校が好きな背景は多様であろうが、とりあえず、学校を外側から眺めた感じで、いくつかの領域別に、学校に対する満足感をたずねてみた。

● 表1-5　学校への満足感

(単位は％)

	とても満足	わりと満足	少し満足	あまり満足でない	全然満足でない
給食のおいしさ	○ 43.6	28.4	16.2	7.9	4.0
学級のふんいき	○ 36.7	31.5	18.4	9.0	4.4
校庭の広さ	21.8	○ 34.2	22.3	15.0	6.7
教室の大きさ	19.3	○ 33.3	28.1	15.3	4.0
教室のきれいさ	7.2	28.8	○ 37.7	19.3	7.0

○印は最大値

表1−5が示すように、「給食のおいしさ」に「とても満足」している子どもが43・6％、「学級のふんいきはよい」が36・7％と、満足している割合が多い。そして、教室の大きさに「わりと満足」が33・3％である。しかし、教室のきれいさに満足しているのは36・0％で、「満足していない」が26・3％と、4分の1を超える。

調査に先立って、子どもや教師から聞き取りを行なった。どの調査でもそうだが、事前の聞き取りをどの程度行なうかで、調査の精度が上がってくる。聞き取りを重ねて、ある程度まで、状況がつかめる。そして、全体の構図が浮かんでくる。そうなれば、調査をしなくとも、問題を明らかにできる。もちろん、念入りに聞き取りを実施し、間違いなく指摘できると思っても、調査を実施してみると、予想（調査仮説）と異なる数値が上がってくる。そうした時は、仮説の段階で何かを見逃していたので、得られた調査データが正しい場合が圧倒的に多い。

聞き取りをした女の子が、「学校って、汚いからキライ」といった。他の子からも、「トイレが汚い」とか「水飲み場が水浸し」などの声が上がった。いわれてみると、現在の学校はどう考えてもきれいとはいえない。そうした声を生かして、表1−6のような設問を行なった。

●表1−6　学校のきれいさ　　　　　　　　　　（単位は％）

	とてもきれい	わりときれい	ふつう	あまりきれいでない	きたない
校長室	○57.7	29.3	11.8	0.7	0.5
図書室	33.2	○40.5	21.7	3.7	0.9
職員室	26.1	○40.5	29.3	3.6	0.5
家庭科室	19.0	○37.0	34.6	8.5	1.9
教室	5.0	18.7	○50.4	20.9	5.0
トイレ	4.5	15.1	32.6	○32.8	15.0
水飲み場	1.9	9.9	○34.1	33.6	21.5

○印は最大値

4 学校の設備と居心地

表が示すように、校長室が「とてもきれい」が57・7％、職員室も「きれい」が66・6％にのぼるが、自分たちの使う教室は「ふつう」が50・4％で、トイレは「あまりきれいでない」と「きたない」を含めて、47・8％と、半数にのぼる。子どもたちのいる場所はきれいでないという評価である。

そこで、子どもに学校の設備についての希望をたずねてみた（表1－7）。子どもたちの声を要約すれば、教室にクーラーを「とても入れてほしい」が62・8％、「教室にパソコンを置いて」も55・4％である。教室を広く、ロッカーを大きくしてほしいという希望も強い。

調査結果が得られた時、学校を訪ね、データについて報告した。その折、「教室にクーラーをつけて」が話題になった。クーラーをひつけてほしい」という子どもの声も理解できるが、校長の一人は、「学校が時代から取り残されている証」と感慨深げに感想を述べていた。

学校というと、質素なイメージが浮かんでくる。国立大学の場合を例にすると、研究室にクーラーが入ったのはそれほど昔のことではな

●表1-7　教室への希望　　　　　　　　　　（単位は％）

	とても そう したい	わりと そう したい	あまり したく ない	今の ままで いい
クーラーを入れる	○ 62.8	17.2	4.9	15.2
パソコンを置いて	○ 55.4	19.3	6.1	19.2
教室を広く	○ 38.5	22.5	6.9	32.1
ロッカーを大きく	○ 37.6	23.2	6.9	32.3
水道がある	34.9	16.1	5.5	○ 43.5
机を大きく	29.2	21.9	10.7	○ 38.2
壁を好きな色に	26.4	14.1	6.5	○ 53.0

○印は最大値

い。研究上に冷房が必要な理工学部などは別として、文化系統の学部ではパソコンを収納する部屋以外は、クーラーがついていなかった。研究費をやりくりしながら、研究室のクーラーの争奪戦になるう時、学内にクーラーのある部屋が少ないので、クーラーつきの部屋の争奪戦になる。

大学で上記のような状況であるから、小中学校でクーラーがないのに違和感を持たない。たまに、新しい校舎で冷暖房の効いた設備に接すると、学校らしくないという気持ちすらする。

しかし、見方を変えて、子どもの生活を中心に考えてみよう。子どもたちの家にはクーラーがついているし、電車やバスに乗ってもクーラーがある。学習塾やスポーツ施設もクーラーつきだし、コンビニやファミレスも冷暖房完備が常識だ。ということは、子どもの周りにクーラーのある教室前で、クーラーのない場所を探すほうがむずかしい。そうした意味では、教師がクーラーのない教室に違和感を持たないとしても、子どもの感覚からすれば、教室にクーラーがついていないのがおかしいのかもしれない。

クーラーをめぐるこうした論議は学校の置かれている現状を端的に示している。学校が、これまでの学校のしきたりにしたがっているうちに、社会のほうが変化して、学校が社会の変化から取り残されている。

そう考えてみれば、子ども部屋はカラフルになり、音響効果も良くなっているのに、教室の色彩は昔のままでモノトーンだし、音響も古めかしい。そして、家庭のトイレはどんどん清潔できれいになっているが、学校のトイレは旧態依然という状況である。

2節　学校の楽しさと教育活動

1　学校行事の楽しさ

序章でふれたように、かつての学校は地域の中での先進的なセンターだった。しかし、現在の学校は地域の中で後進地域に属している。子どもの教育を大事にするというなら、学校をもっとカラフルにし、サウンドも改善して、魅力的な学校作りを心がけてはどうかと思う。具体的には、校舎内外のソフト面での見直しも重要だが、校舎や校庭などを根本から検討しなおしてはどうか、明治初年、西欧風の校舎建築に賭けた人々の願いを想起して、教育行政関係者には、二十一世紀をリードするような新鮮で独創的な校舎作りをめざしてほしいと思った。

もう一度、調査データへもどろう。学校では授業の他にさまざまな活動が展開されている。そこで、子どもたちに学校行事についての評価をたずねてみた。結果は表1-8にくわしい。子どもの反応ははっきりとしている。残念ながら、「ふだんの授

●表1-8　学校行事の楽しさ　　　　　　　　　　　（単位は％）

	とても楽しみ	わりと楽しみ	少し楽しみ	なくてもよい
林間・臨海学校	82.1	11.0	4.9	2.0
休み時間	73.5	19.5	5.9	1.1
遠足	66.7	20.7	9.4	3.2
運動会	48.7	25.5	17.1	8.7
給食	48.1	27.4	19.8	4.7
社会科見学	37.8	33.8	21.4	7.0
卒業式	28.2	28.1	35.1	8.6
ふだんの授業	10.3	31.6	42.3	15.8
授業参観	9.8	17.8	37.3	35.1

業」は「少し楽しみ」程度だが、林間・臨海学校が「とても楽しみ」の割合は82・1％、遠足は66・7％、運動会48・7％である。調査対象に小学4、5年生が含まれているので、修学旅行を調査項目からはずしてあるが、修学旅行を項目に含めれば、林間・臨海学校より楽しみの割合は高いのではないか。

欧米の学校は、学校としての行事を持たないことが多い。欧米でも、夏休み期間の林間学校や臨海学校的な行事はさかんだが、地域や企業、行政や宗教団体など、学校以外の組織が担う形が定着している。修学旅行なども学校では実施されないことが一般的だ。つまり、学校は、読み書き算数的な学力を伝達する場で、他の機能は学校外の組織に委ねる形態である。もちろん、欧米でも仲間を通して、子どもの社会性を育てることを学校の役割と考えている人も少なくない。しかし、その場合でも、そうした機能は学校内での働きで、学校をあげての行事ということは少ない。

日本の学校は、近代化の過程で、社会をリードする役割を果たしつつ成長してきた。そうしたなかで、社会から学校に期待される機能を学校内に吸収しつつ発展してきた。林間学校なども、病弱な子どもの健康を促進する目的で、都市の私立学校を中心に、大正期に始まっている。その際、ドイツなどのヨーロッパのキャンプ活動がモデルになったといわれる。そして、林間や臨海の活動が子どもの健康を促進することが理解されて、公立学校でも夏期の重要なプログラムになっていった。

学校週五日制の導入や教材の削減などに象徴されるように、現在の学校改革では、

●表1-9　学校生活に必要か　　　　　　　　　　　　　　　　　　　　　　　(単位は％)

	絶対あったほうがよい	あったほうがよい	どちらともいえない	ないほうがよい	絶対ないほうがよい
夏休み	90.7	4.2	1.0	0.6	3.5
林間・臨海学校	75.8	13.2	6.0	1.6	3.4
給食	65.3	15.7	11.4	3.6	4.0
プール	57.1	18.6	12.2	5.7	6.4
運動会	49.7	22.5	16.5	5.4	5.9

学校の機能縮小が課題になりつつある。授業の総時間数が減るのであるから、とりあえず、学校行事が削減の対象となりやすい。そして、学校行事の縮小に進んでいる学校が少なくない。

表1－8の結果によれば、子どもは学校生活にとって必要なのかをたずねると、表1－9のような結果が得られる。そこで、子どもに学校行事を提示して、学校生活にとって必要なのかをたずねている。

子どもの反応は、夏休みは「絶対あったほうがよい」が90・7％で、林間・臨海学校も75・8％、プールが「絶対あったほうがよい」も57・1％で、学校行事的なものへの子どもの期待はきわめて高い。もちろん、子どもが望んだからといって、すべてをかなえる必要はないのかもしれない。

しかし、学校からこうした行事を取り除いた場合、何が残るのか。授業だけをする学校に子どもはどの程度魅力を感じるのか。学校サイドの都合で子どもが楽しみにしている学校行事を削減してよいのか。学校行事の持つ意味を学校生活に関連させて位置づける必要があろう。この問題はもう一度後にふれることにして、ここでは問題提起だけにとどめよう。

2 学校内での行動規範

これまで、学校の楽しさや学校行事の楽しさなど、学校をトータルなものとしてとらえ、教室の外からみる感じで、子どもからの評価を紹介してきた。これからは、学校の教室の中に踏み込んで考察を続けよう。子どもは学校で集団生活を送っている。したがって、学校内にたくさんの子どもがいるから、学校内での行動の仕方に一定の決まりを設ける必要性が生じる。学校に持ってきていけないものを定めている場合が多い。携帯電話が代表であろうが、日常生活で

は、子どもの世界にも携帯電話があるのがあたりまえだ。そして、着メロが授業の妨げになるなら、マナーモードにすればよい。授業中のメールがよくないなら、授業中は出さないという決まりを作ればよいことになろう。したがって、携帯電話は、エチケットを守れば良いことになる。

もちろん、学校として、子どもを教育する観点から、何らかの決まりを作ることも必要であろうが、その場合も、子どもに理由を話し、子どもに理解させる態度が望まれよう。

表1－10が示すように、子どもたちは先生から言われたことを信じて、お金やゲーム、携帯電話を学校に持ってきてはいけないと思っている。

だが、学校の行き帰りがあるから、学校に多少のお金を持ってきてもよいように思う。それに、共働きの家庭が多い現在、携帯電話も必要なように感じる。

それにしては、子どもたちは従順に学校の決まりを守ろうとしているように思われる。そうした意味では、聞き分けのよい子どもたちである。

そうした子どもでも、学校内の行動の仕方におかしいと思っているものがあるらしい。それをたずねた結果が表1－11である。

表が示すように、「気をつけ」や「前へならえ」がヘンと感じている子どもが43・7%と半数に迫っている。

学校に慣れてしまうと、「気をつけ」や「前へならえ」に違和感を覚えなくなる。教師や親も、子ども時代にそうした学校生活を送っているので、学校とはそういうものだと思って

●表1-10　学校に持ってきてよいもの　　　　　　　　　　　（単位は%）

シャープペンシル	68.9（ 5.7）	お金	14.1（41.6）
リップ・クリーム	60.1（ 7.2）	ゲーム	14.1（59.1）
マンガ	20.9（32.1）	携帯電話	9.3（59.4）

（　）内は「絶対ダメ」の割合

しまう。そして、子どもの「気をつけ」に違和感を持たない。「前へならえ」的な行動の仕方は、明治二十年代に森有礼文相が兵式体操を導入した際、師範学校に導入され、それが附属小学校に伝えられた。そして、明治三十年代に児童管理規則が設定された時期に、学校の行動様式の基準となっている。一世紀近く昔の話である。

学級で知識や技術を伝達する時に、子どもに軍隊式の行動をとらせたほうが効率がよい。「前へならえ」的な行動様式を導入したことは当時として、それなりに理解できる。しかし、第二次大戦後、半世紀を経た現在、そうした学級文化が変更されることなく、現在まで存続していること自体が問題であろう。

学校にいると、学校でないと通用しないようなルールにも慣れてしまう。もう一例あげてみよう。多くの教師は子どもを呼び捨てにしている。教師ならば、他人の子どもでも呼び捨てにしてよいのであろうか。教師でも、おとなを対象とした場合、学習者に対して呼び捨てにすることはあるまい。また、学習場面以外なら、他人の子どもに対して呼び捨てにすることはない。それなら、学習者が子どもだから、呼び捨てにするのか。そして、教師は本当に子どもを呼び捨てにする権利を持っているのだろうか。

●表1-11 「ヘンだな，おかしいな」と思うこと (単位は%)

	とてもヘン	少しヘン	小計	ヘンでない
一人が悪いのに，皆が叱られる	33.3	39.0	72.3	27.7
体育座りをする	17.7	27.5	45.2	54.8
「気をつけ」や「前へならえ」	16.6	27.1	43.7	56.3
質問する時に挙手をする	13.4	28.9	42.3	57.7
体育の時間の体操着	7.7	24.4	32.1	67.9
給食当番の白衣	4.5	14.9	19.4	80.6
校内の上履き	4.7	10.0	14.7	85.3
授業の終わりのチャイム	2.5	5.5	8.0	92.0

もちろん、学級ができて、時間が経ち、教師と子どもが親しくなった。そうしたなかから、親しみのあらわれとして、呼び捨てが成り立つ場合も考えられる。したがって、呼び捨てが原則としていけないというつもりはないが、少なくとも、教師が無意識に、当然のように、子どもを呼び捨てにするのは、教師の思い上がりで、反省が必要であろう。このように、教室内の行動について、教室内でしか通用しないルールが多すぎるような気がする。

3　授業がわかる・わからない

これまで、いくつかの側面から、学校の楽しさについて考察を加えてきたが、学校の本質は、子どもに学力をつけることであろう。それだけに、勉強をわからせることが、学校としての最低の責務であろう。

授業のわからない子どもが増えているといわれる。とくに算数の苦手な子どもは学習に意欲を持ちにくいという指摘もなされている。もっとも、勉強の苦手な子どもの存在を意識しすぎると、どの子どもにも労力を保証しようとする。その結果、教材の削減が必要となり、それが、学力水準の低下を招くかという問題を引き起こすようになる。

今回のサンプルの場合、授業のわかる割合はどの程度なのだろうか。勉強には算数や国語のように「わかる」ことが大事な教科と、音楽や体育のように「できる」ことが尺度になる教科とがある。

まず、国語・算数などの四教科の場合、表1-12のように「ほとんどわかる」が3割弱、「だいた

30

いわかる」が4割弱、「半分以下」が3割強となる。授業を聞いていて、半分しかわからないということは、授業がほとんどわからないのと同じであろう。そうした子どもにとっては、授業は苦行の連続となるが、そうした子どもの占める割合は、四教科を平均して35・2％と、3分の1を超える。

念のため、算数と国語について、「勉強がわかる」の学年ごとの推移を示すと、表1-13のようになる。国語は学年による変化は認められないが、算数は学年が上がるにつれて、「授業がわかる」割合が、小4の68・8％から、小5の60・7％を経て、小6の57・9％となり、小4から小6にかけて、算数の勉強がわかる割合が10・9％も減少している。

小6の場合、算数がわかる子どもが6割弱で、算数がわからない子どもが4割を超える。

とくに、算数の授業が「あまり」「全く」わ

●表1-12　勉強がわかる (単位は％)

	ほとんどわかる	だいたいわかる	半分わかる	あまりわからない	全然わからない	半分以下小計
国語	26.4	45.2	21.1	5.8	1.5	28.4
社会	22.1	37.9	27.0	10.7	2.3	40.0
算数	30.9	31.1	21.5	12.0	4.5	38.0
理科	26.3	39.4	23.5	8.2	2.6	34.3
4教科平均	26.4	38.4	23.3	9.2	2.7	35.2

●表1-13　国語と算数の勉強がわかる (単位は％)

		ほとんどわかる	だいたいわかる	わかる小計	半分わかる	あまりわからない	全然わからない
国語	小4	26.2	44.9	71.1	22.1	4.9	1.9
	小5	24.7	46.5	71.2	21.4	6.1	1.3
	小6	27.9	44.7	72.6	20.0	5.6	1.8
算数	小4	33.4	35.4	68.8	19.4	9.2	2.6
	小5	32.1	28.6	60.7	23.0	11.3	5.0
	小6	27.9	30.0	57.9	21.8	14.8	5.5

からないと答えた子どもが20・3％にのぼる。

教科の中でも、算数が苦手だと、子どもは逃げ場を見つけにくい。国語の場合なら、文章の読解を例にすれば、「そうもいえる」が「こうもいえる」的な黒白のわからない面がある。そのため、◎と○、△、▲のように、誤答にも救いがあり、苦手があらわになりにくい。それに対し、算数の「8×9＝72」は、「72」以外の正解はなく、残りは誤答となる。しかも、間違ったのがだれにもわかる。加えて、「8×9」を間違えると、「18×19」も確実に誤答をすることになる。

社会科の場合、徳川時代が苦手でも、一念発起すれば、明治期からのカバーは可能だ。それに対し、算数は系統性が強く、どこかでつまずいたら、そこから先の学習はつまずき続ける。そうした意味では、一度つまずくと、カバーしにくいのが算数の特性である。

その算数のわからない子どもが4割を占める。教師たちは勉強のわからない子どもを一人でも減らそうと努力している。しかし、こうした結果を手がかりにすると、そうした努力が効果をあげていないようにみえる。

学校での勉強には、算数や国語の他に、体育や音楽のようないわゆる技能教科がある。技能教科の「できる」割合は、表1-14の通りで、「できる」が7割にのぼる。このように「体育の時間は苦手だな」とか、「音楽は嫌だな」と思っている子どもが一定の比率を占める。技能教科

●表1-14　技能教科ができる

(単位は％)

	ほとんどできる	だいたいできる	できる小計	半分くらい	あまりできない	全然できない
音楽	40.0	34.6	74.6	16.5	6.8	2.1
図工	37.1	40.2	77.3	17.2	4.2	1.3
家庭科	28.7	38.3	67.0	21.8	8.1	3.1
体育	40.4	29.7	70.1	17.8	9.8	2.3

の時間は、他の子どもが楽しんでいるだけに、苦手な子どもの心は暗いのかもしれない。

4 学級の満足感

子どもは学校へ通っている。しかし、より正確にいうなら、子どもは学級に通っている。学級には担任の先生がいる。そこで、学級と担任に対する満足感を、「(今の)学級でよかったと思いますか」の形でたずねると、表1−15のような数値が得られる。

「わりと」を含めると、ほぼ7割の子どもが学級や担任に満足していると答えている。しかし、満足できない者が3割に迫っている。

学級は子どもたちが日常的に暮らす場である。それだけに、ほぼ7割の子ども

●表1-15 学級と担任への満足感　　　　(単位は%)

	とても満足	わりと満足	少し満足	あまり満足でない	全然満足でない
学級	48.5	25.7	14.3	8.4	3.2
担任	42.0	27.3	16.0	8.5	6.2

●表1-16 授業中にしてはいけないこと・してよいこと　(単位は%)

	絶対ダメ	しないほうがよい	たまにならよい	してよい
友だちをいじめる	○ 80.3	16.4	2.2	1.1
休み時間にお菓子	○ 75.4	13.0	4.6	7.0
友だちの発言を笑う	○ 47.8	41.4	7.6	3.2
授業中、立ち歩く	○ 47.6	40.6	8.0	3.8
先生に反発する	○ 46.5	34.6	11.6	7.3
遅刻する	34.6	○ 45.8	15.1	4.5
宿題を忘れる	33.6	○ 46.7	15.1	4.6
授業中にトイレ	15.6	○ 46.4	27.0	11.0
授業中におしゃべり	11.6	○ 42.7	33.3	12.4
授業中に保健室へ	8.8	20.8	32.6	○ 37.8

○印は最大値

3節　学校が楽しみな子・楽しくない子を支える要因

1　楽しい子どもと楽しくない子どもとの関連

これまで、子どもの目でとらえた学校の姿を紹介してきた。学校にはたくさんの子どもが在籍しているので、子どもにより、学校の楽しさに開きが認められよう。そこで、学校を楽しいと思っている

が安定した気持ちで学級にいるのを知って良かったと思う反面、満足感を持てない子どもの気持ちを考えると、気がかりになる。

この学級や担任をめぐる問題は、後に詳しくふれることにするが、表1－16に示すように、多くの子どもは、学級の中で「してよいこと」「してはいけないこと」を理解しているようにみえる。「友だちをいじめるのは絶対にダメ」は80・3％、「休み時間にお菓子を食べるのはダメ」も75・4％である。

しかし、「遅刻する」は「絶対にダメ」が34・6％で、「しないほうがよい」が45・8％にのぼる。また、「授業中におしゃべり」も「しないほうがよい」が42・7％で、「たまにならよい」が33・3％にのぼる。したがって、「授業中のおしゃべりもたまにならよい」というように、良い悪いの感覚がかなり崩れてきているようにみえる。こうした状況に教師の指導力の低下や学級の不和などが加わると、学級の荒れに通じるのかもしれない。

子どもはどういうタイプなのか。逆に、学校に楽しさを感じられないのはどういう子どもなのか。そうした子どもの個人的な属性について考察を加えることにしよう。

そこで、学校の好き・嫌いを大きくつかむために、すでにふれた「朝起きた時、学校へ行くのが楽しみか」の回答を手がかりにして、回答の中から、「少し楽しみ」の33.0％を除外し、以下のように、「学校が楽しみな子」と「嫌いな子」とを、選び出すことにした。

① 「とても楽しみ」（15.4％）＋「わりと楽しみ」（28.5％）＝「学校が楽しみな子」群（43.9％）
② 「少し楽しみ」（33.0％）＝対象からはずす
③ 「あまり楽しみでない」（16.2％）＋「全然楽しみでない」（6.9％）＝「学校が嫌いな子」群（23.1％）

ここで問題になるのは、「学校が楽しみな子」と「嫌いな子」との間に、どのような開きが認められるかであろう。学校は勉強をするところだから、勉強の得意な子は学校が楽しみだが、勉強のわからない子は学校が楽しみでないのではないかと思う。そこで、授業の理解と学校が「楽しみ・嫌い」との関連を調べると、表1-17のようになる。

学校が楽しみな子の中で、算数が「わかる」者は69.1％なのに対

● 表1-17　教科の理解×学校の楽しさ　　　　　　　　　　　　　　　　　　　　　　　　（単位は％）

	ほとんどわかる	だいたいわかる	わかる小計	半分わかる	わからないが多い	全然わからない
算数						
学校が楽しみな子	36.6	32.5	69.1	18.8	9.2	2.9
嫌いな子	27.4	24.8	52.2	19.9	19.0	8.9
差			16.9			
国語						
学校が楽しみな子	33.5	47.2	80.7	14.5	3.7	1.1
嫌いな子	22.6	35.7	58.3	28.6	10.3	3.1
差			22.4			

し、嫌いな子の中で「わかる」子は52・2％で、両者間に16・9％の開きがみられる。国語の場合も、80・7％と58・3％で、「楽しみ」群と「嫌い」群との間に22・4％の開きがみられる。

大きくみると、学校が楽しみな子の中に勉強の得意な子が多いのはたしかだが、学校の嫌いな子の中にも勉強のわからない子が3割に迫っている。その反面、学校の楽しみな子の中にも勉強のわかる子が半数を占める。したがって、「学校が好き＝勉強が得意」「嫌い＝苦手」は大筋で指摘できるかもしれないが、勉強が苦手でも、学校が楽しみな子どもがいる。したがって、「勉強がわかる」ことが学校の楽しさのすべてではないようにも思われる。

「学校へ行くのは、友だちがいるから」という子どもの声を聞くことが多い。そこで、「友だちがいる」ことと「学校の楽しさ」との関係をたしかめると、表1－18のような結果が得られる。

この結果が示すように、「相談にのってくれる友だち」がいれば、学校は楽しくなる。しかし、学校が嫌いな子どもの場合、相談に乗ってくれる友だちが一人もいない割合が高い。それと

●表1-18　友だちの有無×学校の楽しさ　　　　　　　　　　（単位は％）

		6人以上	4～5人	2～3人	1人	いない
相談にのってくれる友だち	学校が楽しみな子	22.3	18.2	34.0	14.7	10.6
	嫌いな子	10.2	9.3	33.6	19.0	27.9
	差	12.1				－17.3
一緒にいて疲れない友だち	学校が楽しみな子	48.0	13.5	19.4	9.1	10.0
	嫌いな子	26.8	13.6	23.9	15.9	19.8
	差	21.2				－9.8
休み時間に遊べる友だち	学校が楽しみな子	69.5	14.9	12.9	1.3	1.4
	嫌いな子	48.9	19.3	18.4	4.9	8.6
	差	20.6				－7.2

2 学校が楽しみな子どもの条件

これまでふれてきたような「勉強が得意」や「友だちが多い」子どもが学校を楽しみにしているのは、ある程度まで納得できる。

そこで、もう少し詳しく、学校が楽しみな子どもと学校が嫌いな子どもとの違いを検討することにしよう。具体的には、これまでの二分類（楽しみ・嫌い）でなく、子どもたちを「学校へ行く」のが、「とても（楽しみ）群」から「わりと群」「少し群」そして、「全然楽しみでない群」とに、ほぼ四分することにした。

① 「とても」群──学校が「とても楽しみ」 15.4%
② 「わりと」群──「わりと楽しみ」 28.5%
③ 「少し」群──「少し楽しみ」 33.0%
④ 「全然」群──「あまり楽しみでない」 16.2%
　　　　　　　　「全然楽しみでない」 6.9%
　　　　　　小計 23.1%

この①〜④の分類を使って、学校が楽しみな子どもと嫌いな子どもとの違いを検討することにしよ

表1-19は、「校長室や図書室が清潔かどうか」と「学校へ行くのが楽しみ」とをクロスさせた結果を示している。表中の左上の72・9%を例にすると、学校へ行くのが「とても楽しみ」の群の場合、校長室が「とてもきれい」と思う子どもが72・9%にのぼることを意味する。そして、学校が「わりと」楽しみだと、校長室をきれいと思う割合が67・0%となり、「全然（楽しみでない）」では、校長室のきれいさは46・5%にとどまる。

そして、校長室と図書室への評価を平均した「平均」の欄では、一番左の61・3%は、「学校へ行くのがとても楽しみ」群の中で、校長室や図書室をきれいと「とても思う」子どもが、61・3%にのぼる。そして、学校へ行くのが「わりと楽しみ」な群では清潔さが53・4%、「少し」群は40・1%、「全然群」では35・4%と、数値が低下している。

この結果に対する解釈はむずかしい。校長室や図書館の清潔さには変わりがないはずだ。しかし、「学校が楽しみな」子どもは、「自分の学校をきれい」と感じている。それに対し、学校がつまらなくなるにつれて、学校をきれいに思えないことを示している。

次の表1-20は、学校行事、具体的には「修学旅行や遠足、運動会の楽しさ」を示している。もう一度、表の説明をすると、「（学校の楽しさ」との関連を示している。「学校の楽しさ」（楽しみ）の子どものなかで、修学旅行が「とても」楽しい（楽しかっ

●表1-19　学校の設備の清潔さ（「とても」） (単位は%)

	とても	わりと	少し	全然	とても—全然
校長室	72.9	67.0	52.1	46.5	26.4
図書室	49.7	39.7	28.0	24.3	25.4
平均	61.3	＞53.4	＞40.1	＞35.4	25.9　＊

＊$p<0.05$　＊＊$p<0.01$　＊＊＊$p<0.001$

た）子どもが93・0％を占める。それに対し、学校が「全然（楽しみでない）」の子どもが旅行を楽しむ割合は71・9％で、両群間に21・1％の開きがみられる。

そして、修学旅行と遠足、運動会の楽しみを加算した平均欄の不等号が示すように、学校を楽しみな子どもほど、学校行事を楽しみを加算した平均欄の不等号が示すように、学校を楽しみな子どもほど、学校行事を楽しく思っている。「全然」群との間に33・4％の開きが見受けられる。

表に付した＊＊印が示すように、統計的にいえば、「学校が楽しくない子どもは行事も楽しくない」という指摘の誤差は、1％レベル、逆にいえば、「学校が楽しくない子どもは行事も楽しくない」という指摘の誤差は、1％レベル、つまり、99％は指摘できる計算になる。

もちろん、検定上の有意差は、1％レベルをそのまま信じることは避けたい。

を分析する場合、検定はあくまで数統計上の話である。あくまでめやすで、自然科学での実験の場合のように、1％レベルをそのまま信じることは避けたい。

検定の結果をそれほど大事に考えなくてもよいが、表1-20の結果にもどると、修学旅行は、学校が楽しくない子どもでも、71・9％は、「楽しい」と答えている。それに対し、修学旅行や遠足は、どの子どもも楽しめるプログラムなのであろう。それに対し、運動会の楽しさは学校の楽しさと連動するようで、「とても」群と「全然」群とで、42・8％もの開きが認められる。

●表1-20　学校行事の楽しさ（「とても」）　　　　　　　　　　（単位は％）

	とても	わりと	少し	全然	とても―全然
修学旅行	93.0	87.6	81.2	71.9	21.1
遠足	86.2	76.4	63.3	49.8	36.4
運動会	72.8	57.4	43.1	30.0	42.8
平均	84.0	＞73.8	＞62.5	＞50.6	33.4 ＊＊

＊$p<0.05$　＊＊$p<0.01$　＊＊＊$p<0.001$

3 授業の理解と学校の楽しさ

それでは、授業がわかる、あるいはわからないは、学校の楽しさにどう関連するのであろうか。そこで、授業の理解と学校の楽しさとの関連を調べると、表1－21の通りとなる。この表には、検定上の有意印がついていない。学校が「とても楽しい」な群の場合、授業がわかる割合は4割前後である。しかし、「わりと」楽しみの場合、授業の理解度が3割を下回る。とくに、低下の割合は、「とても」と「わりと」の間に顕著で、「わりと」から「少し」「全然」へ移ってもそれほど低下がみられない。

したがって、統計的にいうなら、「とてもわかる」から「わりとわかる」の間に格差があり、それ以降は「少し」「全然」へ移っても、授業の理解度がそれほど減ることはない。つまり、「わりと」と「全然」との間の差が少ないという意味で、有意な差が認められないので

●表1-21 授業の理解（「ほとんどわかる」割合） （単位は％）

	とても	わりと	少し	全然	とても―全然
国語	43.3	28.1	19.4	22.3	21.0
社会	38.9	24.1	15.5	18.2	20.7
算数	43.3	32.9	26.0	27.3	16.0
理科	44.1	27.5	19.4	21.2	22.9
平均	42.4	＞28.2	20.1	22.3	20.3

●表1-22 実技科目ができる（「ほとんどできる」割合） （単位は％）

	とても	わりと	少し	全然	とても―全然	
音楽	54.9	48.5	34.2	29.6	25.3	
図工	48.1	42.0	32.9	28.4	19.7	
家庭科	39.7	34.0	24.4	22.0	17.7	
体育	47.8	41.1	36.3	36.7	11.1	
平均	47.6	＞41.4	32.0	＞29.2	13.4	＊

＊$p<0.05$　＊＊$p<0.01$　＊＊＊$p<0.001$

あろう。

それでは、教科以外の実技科目の場合はどうか。表1−22が示すように、学校が楽しい子どもの場合、実技科目が得意な子どもが47・6％を占める。それに対し、学校に充足感を持てない子どものなかで、実技科目が得意な子どもは29・2％にとどまる。

それでは、授業以外の「休み時間」や「給食」など、授業時間以外の楽しさは、学校の楽しさにどう関連するのか。表1−23によると、学校が楽しみな子どもの79・9％は、休み時間や給食の時間を楽しみにしている。それに対し、学校が楽しみでない子どもが給食の時間などを楽しみにしている割合は48・9％にとどまる。

こういう状況なら、学校は楽しい場になろう、遊び相手の友だちがいるし、給食の時間も仲間と話しあえる。しかし、休み時間になっても相手がいないのでは、学校は苦痛の場になってしまう。

こうしたデータを読み取っていると、勉強がわかると学校が楽しいのはむろんのことだが、休み時間や給食の時間も大事になることが明らかになった。したがって、学校は勉強の場であるのはたしかだが、子どもにとって生活の場という感じがしてくる。

4 学校文化と楽しさ

学校は人間関係の入り組んだ場であり、その中に、子どもと教師との関係も含まれている。さらに視野を広げれば、校長や教頭も、子どもの人間関係の対象になる。そこで、

● 表1-23 授業時間以外の楽しさ（とても） (単位は%)

	とても	わりと	少し	全然	とても―全然
休み時間	90.9	79.6	68.6	63.3	27.6
給食	68.8	54.5	42.5	34.5	34.3
平均	79.9	＞67.1	＞55.6	＞48.9	31.0 ＊

＊p＜0.05　＊＊p＜0.01　＊＊＊p＜0.001

表1−24に、校長などからの知名度と学校の楽しさとの関連を示した。予想した通り、「校長や教頭から自分は知られている」と思えると、学校が楽しくなる。そして、校長から自分が知られていないと、学校がつまらなくなる。

くり返し指摘したように、子どもにとって、学校は、たくさんの友だちや先生たちと長い時間を過ごす社会である。その社会に通う目的は勉強をすることだが、国語や算数の授業の他に、体育や音楽の時間もある。それに、給食や休み時間もある。子どもにとって、国語や算数の時間にがまんを強いられても、他の時間帯が楽しければ、学校が楽しい場になろう。さらにいえば、登校した時などに、学校の先生たちから声をかけられたりすれば、子どもは元気になろう。

そう考えてくると、子どもサイドからすると、「心理的な空間としての学校」というコンセプトが浮かんでくる。学校が子どもにとって快適な心理空間になるためには、表1−24でふれたような「校長や教頭が子

● 表1-24 学校内での知名度
（「自分の名を知っている」と思う割合） （単位は%）

	とても	わりと	少し	全然	とても―全然
校長先生	48.0	42.9	38.9	34.9	13.1
教頭先生	41.8	37.9	34.1	35.8	6.0
平均	44.9	＞ 40.4	＞ 36.5	＞ 35.4	9.5 ＊

＊$p<0.05$　＊＊$p<0.01$　＊＊＊$p<0.001$

● 表1-25 学級内の友だち（そういうことが「全然ない」割合） （単位は%）

	とても	わりと	少し	全然	とても―全然
話せる友だちがいない	72.3	69.4	60.0	45.6	26.7
親友とでも疲れる	76.3	65.4	54.9	38.0	38.3
学級でいらいら	70.5	63.2	52.8	29.3	41.2
平均	73.1	＞ 66.0	＞ 55.9	＞ 37.6	35.5 ＊＊＊

＊$p<0.05$　＊＊$p<0.01$　＊＊＊$p<0.001$

どもの名前や顔を知っている」ことが大事になる。

しかし、心理的空間というなら、教員より、何といっても、友だちの存在が重要になる。表1-25は、やや屈折した表なので、左上の「72・3%」を例にすると、学校が「とても楽しみ」の群の場合、「話せる友だちがいない」と思うことが「全然ない」者が72・3%となる。アバウトないい方をさせてもらえるなら、「学校がとても楽しい」子どもの72・3%は、「学級にも話せる友がいる」（「話せる友がいない」と思うことが「全然ない」）と思っている。しかし、学校が「全然楽しくない」子どものうち、友だちがいるのは45・6%で、半数以上が、友だちがいない状況が浮かんでくる。

しかも、統計的にみると、学級内での友の存在と学校の楽しさとの間に、***印が示すように、0・1%レベルで有意差が認められる。つまり、統計的には、関連が99・9%存在するという意味になる。

統計的な有意差が0・1%レベルで認められる結果は、この他にも、表1-26、表1-27に認められる。

この結果によれば、学級と担任に満足している子どもは、間違いなく、学校へ行くのが楽しい。しかし、学級や担任に不満だと、学校へ通うのが嫌になるという結果である。

●表1-26　学級に満足（とても）　　　　　　　　　（単位は％）

とても	わりと	少し	全然	とても－全然	
74.6	60.1	43.4	25.4	49.2	***

＊$p<0.05$　＊＊$p<0.01$　＊＊＊$p<0.001$

●表1-27　担任に満足（とても）　　　　　　　　　（単位は％）

とても	わりと	少し	全然	とても－全然	
70.4	51.9	36.1	22.0	48.4	***

＊$p<0.05$　＊＊$p<0.01$　＊＊＊$p<0.001$

5 学校の楽しさを支える条件

これまでふれてきたことを、検定結果をひとつの尺度として利用しながら、要約すると、以下のようになる。

① 学校の楽しさと関連が認められない
  「授業の理解」 (表1-19)
② 学校の楽しさと「関連」が認められる (*)
  「設備の清潔さ」 (表1-21)
  「実技科目ができる」 (表1-22)
  「授業以外の楽しさ」 (表1-23)
  「学校内での知名度」 (表1-24)
③ 学校の楽しさと「かなり強い関連」が認められる (**)
  「学校行事の楽しさ」 (表1-20)
  「学級内の友だち」 (表1-25)
④ 学校の楽しさと「とても強い関連」が認められる (***)
  「学級に満足」 (表1-26)
  「担任に満足」 (表1-27)

このように、学校の楽しさと各項目との間に、「関連が認められない」項目から、「とても強い関連が認められる」項目まで、四段階の開きが認められる。問題を整理すると、学校の楽しさと「関連

が認められるのは、「図書室などの学校の清潔さ」「休み時間などの授業以外の楽しさ」「校長などから知られているという知名度」の四項目となる。そして、「かなり強い関連」が認められるのが「運動会などの学校行事」である。そして、学校の楽しさと「とても強い関連」が認められるのは、「学級内に友だちがいる」「学級に満足している」「担任を良い先生だと思う」の三項目となる。

このように学校の楽しさといわれた時、子どもたちが連想するのは、トータルとしての学校でなく、自分が属する学級の居心地のように思われる。そこで、次章では、もう少し学校差についてふれた後、子どもにとっての学校と学級の意味を考えることにしたい。

2章 楽しい学校と楽しくない学校

1節 学校差の検討

1 調査校のプロフィール

これまで、学校の楽しさを支える子どもの条件を考察してきた。しかし、子どもの通う学校はどれも同じ学校なのではなく、それぞれの学校は、その学校としての立地条件の中で、その学校なりの学校経営を試み、その学校としての個性を形成している。そこで、この章では、子どもに楽しさを感じさせる学校がどういうタイプなのか、もう少し具体的に学校差を検討することにしたい。

今回の調査では、9校の小学校の4年生から6年生まで、3学年の子どもの協力を得た。各校の概要を、表2−1に学校一覧として示した。

表2-1について、多少の補足をすると、A校は都心部の由緒ある商店街に明治三十七年開校された伝統のある小学校である。そしてB校は湘南の新興住宅地に平成十年に創設された新しい学校である。C校はB校と同じ地域にある学校だが、こちらのほうが、市の中心部に近い所を校区にしている。D校は関東北部の小都市に明治初めの学制期に創設された名門校である。E校は東京の下町の住宅と商業の混合地が校区で、この区として、新しい校舎建築のモデルとして建てられた学校である。F校は、都下の商業地に古くからある学校だが、地域開発の影響を受け、地域の住民が減少し、越境児童が過半数を占める。また、G校は横浜市郊外の住宅地にある学校だが、団地からの子どもが半数で、古くからの住民と意識のずれがみられるという。最後のI校はE校と同じ区にある学校だが、こちらの学校のほうがE校より奥まった地域にある。なお、9校のうち、全校で6学級しかない単級学級がA校、D校とI校の3校である。

2 学校ごとの楽しさ

こうした概要だけをみても、それぞれの学校の立地条件が異なっているのがわかる。それでは、学校によって、学校の楽しさはどの程度異なるの

●表2-1　学校一覧（調査に協力してくれた学校）

	地域特性	開校年次	児童数（男/女）	学級数	教員数
A校	都下の中心地	明治37年	200（103/ 97）	6	14
B校	湘南の新興住宅地	平成10年	685（348/337）	20	26
C校	湘南の市街地	昭和54年	623（302/321）	18	24
D校	関東北部の小都市	明治 6年	200（106/ 94）	6	14
E校	都下下町の住宅地	平成 4年	531（277/254）	16	25
F校	都下の商業地域	明治12年	306（158/148）	19	16
G校	横浜郊外の住宅地	昭和23年	400（211/189）	14	20
H校	郊外の住宅地	昭和25年	641（327/314）	18	26
I校	都下下町の混合地	昭和 4年	100（ 52/ 48）	6	12

であろうか。実をいうと、このA校からI校までは、「学校へ行くのが楽しみ」の割合が高い順に並べてある。そして、表2−2によれば、A校の場合、「学校へ行くのが」「とても」の30・5%に「わりと」の23・2%を加えて、楽しみな割合が53・7%にのぼる。半数以上の子どもが学校は楽しいと答えている。そして、B校からC校、D校と、右に進むにつれて「楽しみ」の割合が減り、最後のI校では「とても楽しみ」が8・6%で、「わりと」の16・2%を含めても、学校の楽しさは24・8%と、子どもの4分の1にとどまる。

このように、A校の53・7%からI校の24・8%まで、9校の間に、学校の楽しさについて、28・9%もの開きが認められる。

この「学校の楽しさ」とほぼ同じ内容の、「学校が好きか」について、学校別の集計結果を示すと、表2−3の通りとなる。もっとも好かれているのがA校の52・4%、もっとも数値が低いのがH校の21・9%で、ここでも、学校間に、30・5%の開きが認められる。

表中の①から⑨の順位が示すように、「学校へ行くのが楽しみ」（表2−2）、あるいは、「学校が好き」（表2−3）のいず

●表2−2 学校が楽しみ（学校へ行くのが） (単位は%)

	全体	A校	B校	C校	D校	E校	F校	G校	H校	I校
とても	15.4	23.2	24.1	20.9	7.8	12.8	10.6	9.9	12.2	8.6
わりと	28.5	30.5	25.5	28.4	40.8	34.0	33.3	28.5	21.9	16.2
小計	43.9	○ 53.7	49.6	49.3	48.6	46.8	43.9	38.4	34.1	× 24.8

(注) ○印は最大値，×印は最小値（以下，表2−19まで同様）

●表2−3 学校が好き（「とても」の割合） (単位は%)

	全体	A校	B校	C校	D校	E校	F校	G校	H校	I校
	30.9	○ 52.4	36.7	37.9	23.8	29.7	35.7	22.0	× 21.9	25.7
		①	③	②	⑥	⑤	④	⑧	⑨	⑦

①〜⑨は9校中の順位

れの問いに着目しても、学校によって楽しさが異なっている。それと同時に、A校やB校のように楽しさが多い学校とG校やI校などの楽しさが少ない学校とに、学校の楽しさが特定されるのがわかる。

このように子どもがどの学校へ通うかによって、学校の楽しさにかなりの開きが認められる。そこで、学校のどういう条件が、学校へ通う子どもの楽しさに影響を与えるのかを検討することにしたい。

ただ、学校の個々の条件がかなり異なる。楽しさの上位に位置するA校は、すでにふれたように、古くからある繁華街に明治時代に開校された名門校だが、現在は校区から住宅が減り、越境の子どもを含めても各学年一学級の単級学校である。

それに対し、B校では校区内にある屋外ステージで、サザンオールスターズが「Tunami」のコンサートを開いている。そういう挿話から連想される通りの湘南の海辺にある新設校で、現在では二十学級の児童数の多い学校である。

したがって、「学校が楽しみ」な学校といっても、A校、B校、C校それぞれの学校の条件によって、数値が異なることが予想される。そこで、便宜上、表2－4に示したように、9校を三分して、A・B・C校を「学校へ行くのが楽しみ」な「上位校」、D・E・F校を「中位校」、G・H・Iを「下位校」として、学校の楽しさをまとめてみた。

表2－4に示したように、「学校が楽しみ」や「学校が好き」のいずれの項目とも、上位校、中位校、下位校により、学校の楽しさが大きく異なっている。そこで、以下、学校ごとの分析と同時に、

●表2-4 「学校が楽しみ」の学校別3分類 （単位は％）

	学校が楽しみ	学校が好き
上位3校（ABC）	50.9	42.3
中位3校（DEF）	46.4	29.7
下位3校（GHI）	32.4	23.2
全体	43.9	30.9

3 学校施設と学校の楽しさ

表2－5は校長室や図書室の清潔さと学校の楽しさとの関連を示している。校長室と図書室、トイレの清潔さを平均した結果を、表の下欄に示してあるが、サンプルの9校中、子どもからもっとも清潔と評価されたのはE校だった。

E校は、区としての新しい発想で学校建築を構想したモデルスクールで、学校は、高齢者の介護施設、町の公民館が合体した総合施設の一部にある。バブル末期に建設されたというだけあって、音楽室には防音装置がつき、録音室も併置されている。温水プールもあり、夜間は市民に開放されている。

したがって、子どもたちが校舎がきれいと評価しているのは納得できる。しかし、残念ながら、学校のきれいさは学校の楽しさに結びついていないようで、学校の楽しさは9校中の5位に位置している。

校舎の立派さがどうして学校の楽しさと結びつかないのか。学校関係者にE校の情況をたずねてみた。昨年までの校長が、学校運営をめぐって、教員たちと対立した。校長は2校の教頭を経て、新任校長としてE校に赴任した。

しかし、校長として、力が入ったのか、校内の人事を専制的に進めようと

9校を三段階にくくったカテゴリーを加えて、分析を進めることにしよう。

●表2-5 学校の施設の清潔さ (単位は%)

	全体	A校	B校	C校	D校	E校	F校	G校	H校	I校
校長室	57.7	72.3	70.4	48.3	71.4	○78.9	57.6	44.9	×44.5	44.6
図書室	33.2	27.0	37.8	29.2	58.1	○81.0	16.2	13.8	18.6	×4.1
トイレ	19.6	○36.3	10.6	6.3	13.3	21.2	×4.9	9.2	9.4	10.1
平均	36.8	45.2	39.6	27.9	47.6	60.4	26.2	22.6	24.2	19.6
		③	④	⑤	②	①	⑥	⑦	⑧	⑨

「校長室」「図書室」は「とても」きれいの割合,「トイレ」は「とても」「わりと」きれいの割合
①～⑨は9校中の順位

〈参考〉 上位3校37.6%　○中位3校41.4%　下位3校22.1%

たらしい。校区は都下の下町にあって、親たちに人情派が多く、PTAメンバーも多くが教員サイドを支持し、学校内が混乱したという。新校長が赴任して、学校の建て直しを図っているが、そうしたトラブルがE校の子どもの上に影を投げかけているらしい。

表の下の「参考」欄に記したように、9校のうち、A・B・C校を上位校、D・E・Fを中位校、G・H・Iを下位校とまとめた結果でも、E校の評価が高いので、中位校の子どもが41・4％と「学校がきれい」だと思っている。しかし、下位の3校の清潔さが22・1％であることを考慮すると、子どもが「きれいでない学校を好きでない」ことがわかる。そうした反面、学校の清潔さはストレートに楽しさと結びつかないようで、上位3校のきれいさは37・6％にとどまる。

あらためて表2－5の結果をおおまかに要約するなら、平均欄の①～⑨の数値が示すように、きれいな学校の子どもたちのほうが、学校が楽しいと感じる割合が高い。学校は汚くとも、魅力的な学校を作れると思うが、実際には、子どもたちはきれいな学校のほうを好んでいるような印象を受ける。

次の表2－6は、校庭の広さと学校の楽しさとの関連を示している。校庭がもっとも広いのはD校、狭いのはA校である。A校は都心の老舗の並ぶ商店街に位置しているので、校庭のスペースを取れない。一階に一周八十メートルの全天候のトラックと屋上に室内の小体育館があるだけで、どう考えても運動の設備は貧弱だ。逆に、D校は、都心から急行で一時間半以上かかる北関東の地方都市にあり、明治初期から地域の中心的な学校である。それだけにグラウンドは広く、自然の土を利用した四百メートルトラックがあった。

そして、表2－6の結果のように、校庭の広さと学校の楽しさとの関係はほとんど認められず、上

位、中位、下位の分類でも、有意な差は認められなかった。

表2-6をまとめてみると、「建物がきれいなE校」「校庭の広いD校」などの各学校の姿が浮かんでくるが、こうしたハード的な面は、学校の楽しさと積極的な関係は認められなかった。

表2-7は校長などが「自分の名前を知っている」と学校の楽しさとの関連を示している。この中では、B校での数値が×印のように19・1％にとどまっているのが目につく。B校の校区は、湘南の人口急増地で、三年前に2校を3校に分離して、新しくB校を新設した。そのため、今回のサンプルにあたる4年生以上の子どもはいずれも前の学校からの転校生で、そうした事情が、校長から名前を知られていないという結果をもたらしたのであろう。

表2-7の平均の欄が示すように、G校が56・7％、I校も54・0％と、学校の楽しさ下位校のほうが、知られていると思う数値が高い。したがって、知名度と学校の楽しさとの間に関係は認められないように考えられる。

もっとも、9校の中で、在籍児童数が少ないのはI校（100

●表2-6　校庭の広さへの満足　　　　　　　　　　　　　　　　　　　　　　（単位は％）

	全体	A校	B校	C校	D校	E校	F校	G校	H校	I校
とても	21.8	6.9	17.3	33.9	41.9	20.1	14.8	12.8	29.0	23.0
わりと	34.2	30.7	31.9	37.5	41.9	37.8	29.6	34.6	31.4	27.0
小計	56.0	×37.6	49.2	71.4	○83.8	57.9	44.4	47.4	60.4	50.0

〈参考〉上位3校52.7％　　○中位3校62.0％　　下位3校52.6％

●表2-7　学校内での知名度（「自分の名前を知っている」と思う割合）　（単位は％）

	全体	A校	B校	C校	D校	E校	F校	G校	H校	I校
校長先生	41.4	72.8	×24.8	30.0	43.0	45.3	○80.6	33.2	25.6	78.7
教頭先生	37.3	67.0	×13.4	23.9	52.3	34.0	30.0	○80.2	37.7	29.3
平均	39.4	○69.9	×19.1	27.0	47.7	39.7	55.3	56.7	31.7	54.0

〈参考〉上位3校38.7％　　○中位3校47.6％　　下位3校47.5％

4 学校行事との関連

 これまで学校の外形的な面と学校の楽しさとの関連を検討してきた。学校は教育を営む場なのであるから、教育的な面と学校の楽しさとの関連を検討することにしよう。
 表2－8は修学旅行や遠足などの楽しさと学校の楽しさとの関連を示している。個別にみると、子どもから「学校行事が楽しい」ともっとも思われているのはB校である。運動会も子どもたちの希望を生かし、子どもが主役になれるような種目作りを心がけたという。すでにふれたように、B校は湘南にある新設校で伝統がないだけに、学校行事も新しい感覚で企画を作ったという。そうした努力が実を結んだのであろうが、参考欄が示すように、学校の楽しさは、上位校の行事の楽しさが67.7％、中位校67.8％、下位校62.6％である。したがって、学校が楽しいと思える上位校の子どもは、学校行事を楽しんでいるようにみえる

人）、A・D校（いずれも200人）で、児童数が多いのは、新設のB校を除くと、H校（641人）、C校（623人）、E校（531人）だった。この3校ずつの知名度を平均すると、小規模校は57.2％、中規模校（F・G校）56.0％、大規模校は32.8％だった。したがって、校長から知られているかどうかは、学校の規模と関連しているように考えられる。

●表2-8 学校行事の楽しさ (単位は％)

	全体	A校	B校	C校	D校	E校	F校	G校	H校	I校
修学旅行	82.1	×78.2	83.5	83.1	○92.4	82.2	84.5	83.4	80.6	78.7
遠足	66.7	58.8	○78.2	71.3	68.6	67.1	67.3	63.6	67.1	×48.0
運動会	46.7	51.0	○59.9	45.1	47.6	50.6	50.3	×44.4	51.0	46.7
平均	65.2	62.7	○73.9	66.5	69.5	66.6	67.4	63.8	66.2	×57.8

〈参考〉 上位3校67.7％ ○中位3校67.8％ 下位3校62.6％
1位（中位）67.8－3位（下位）62.6＝5.2％ *
*$p<0.05$ **$p<0.01$ ***$p<0.001$

が、下位校との差は5・1％で、それほど大きくない。

学校には、学校行事の他にも、給食の時間のように、授業以外の時間帯が日常的にある。表2－9は休み時間など、「学校が楽しみ」との関連を示している。

学校別にみると、「学校が楽しみ」と「授業時間外の楽しさ」の評価が高く、横浜郊外のG校の評価が低い。G校の場合、かつては人口増で、在校児童数が二千人を超えることがあったが、現在は、慢性的な児童減少に悩み、学校のふんいきも沈滞気味らしい。給食の設備も古くなり、食器も昔のまま。そうした感じを子どもが嫌ったらしい。

なお、参考欄のように、上位校が49・5％、中位45・6％、下位42・4％と、全体としてみると、休み時間や給食が楽しいと、学校が楽しみな割合が高い。休み時間が楽しみだと、学校も楽しいというのは、当然のことなのかもしれ

●表2-9　授業時間以外の楽しさ　　　　　　（単位は％）

	全体	A校	B校	C校	D校	E校	F校	G校	H校	I校
休み時間	73.5	74.5	○80.8	74.2	70.5	72.2	71.0	×65.8	74.4	78.7
給食	48.1	52.5	50.6	○62.9	60.0	43.8	37.7	×33.7	45.3	54.1
朝の会	14.5	21.6	16.1	12.1	○25.9	16.6	13.1	×6.3	12.4	10.6
平均	45.4	49.5	49.2	49.7	○52.1	44.2	40.6	×35.3	44.0	47.8

「休み時間」「給食」は「とても」、「朝の会」は「とても」「わりと」の割合

　〈参考〉○上位3校49.5％　中位3校45.6％　下位3校42.4％
　　　　1位（上位）49.5－3位（下位）42.4＝7.1％　　＊
　　　　＊$p<0.05$　＊＊$p<0.01$　＊＊＊$p<0.001$

●表2-10　自分の教室の清潔さ　　　　　　（単位は％）

	全体	A校	B校	C校	D校	E校	F校	G校	H校	I校
とても	5.0	4.0	6.5	8.8	2.9	5.8	3.0	1.6	4.2	1.3
わりと	18.7	20.8	20.5	18.3	24.8	31.1	22.0	12.7	13.5	4.0
小計	23.7	24.8	27.0	27.1	27.7	○36.9	25.0	14.3	17.7	×5.3

　〈参考〉上位3校26.3％　○中位3校29.9％　下位3校12.4％
　　　　1位（中位）29.9－3位（下位）12.4＝17.5％

ない。

表2-10は自分の「教室の清潔さ」と「学校の楽しさ」との関連を示している。表から明らかなように、E校の子どもが、教室がもっとも清潔と答えている。すでにふれたように、E校はバブルの終わりの頃、区のモデル校として建設されたもので、温水プールやオーディオ設備の充実した音楽室などがあり、オープンスペースもゆったりしている。採光が配慮され、カラフルな教室はアメリカの学校を思わせるものがある。それだけに、E校の子どもの評価に納得できるが、残念ながら、教室の清潔さは学校の楽しさに結びついていない。そうしたE校の影響からか、教室の清潔さに欠ける下位群の楽しさは12・4％にとどまっている。もっとも、すでにふれたように、教室が汚なくてよいというものではないようで、清潔さに中位3校の楽しさが29・9％ともっとも数値が高い。

2節 楽しい学校の条件

1 授業の理解

これまで、まず学校の設備、次いで学校行事や授業以外の時間に関連させて、学校ごとに、学校の楽しさを考察してきた。しかし、あらためてふれるまでもなく、学校の中心となるのは授業場面であろう。

表2-11は、授業中のふんいきをたずねた結果を示した。具体的には、「先生に反発する」「授業中

に立ち歩く」などが「いつも」「ときどき」ある割合を示している。この場合は数値が低いほうがよいと思われるが、小計の欄が示すように、D校やF校の中位校で、しずかな授業が展開されている。D校は北関東の農村部に古くからある中心校で、学校を訪ねると、明治の学校を思わせる落ち着きがある。授業中の立ち歩きなど考えられない学校だ。

それと比べると、A校は、すでにふれたように都内の下町にある老舗の商店街にある学校で、校内が明るくのびのびとしている。B校は、C校と同じ地域だが、合間もない新設校らしく、教師は力を合わせて授業に取り組んでいる学校である。

そう考えてみると、学校が楽しい上位校がややざわついた状況にあり、中位校のほうがむしろ静粛なのが興味深い。子どもにとって楽しい学校とは、静粛というより、少しざわついたふんいきのあるのびのびとした学校なのかもしれない。

表2−12に「授業中のおしゃべり」と「学校の楽しさ」との関係を示した。ここでも、表2−11と同じ傾向が得られている。つまり、教室が静かでおしゃべりが少ないのがD校の48・6％で、A校は「いつも」「ときどき」しゃべる子どもが65・7％、平均すると、上位校の教室も、けっこうざわついて

●表2-11 授業のふんいき（「荒れ」的な状況を「いつも」「ときどき」している割合）

(単位は％)

	全体	A校	B校	C校	D校	E校	F校	G校	H校	I校
先生に反発	9.8	○ 3.9	10.5	10.6	2.9	7.7	5.3	8.0	12.1	× 22.6
授業中歩く	9.9	6.0	9.3	14.3	○ 2.8	11.6	10.8	11.5	11.3	× 12.0
友を笑う	13.9	× 23.0	5.4	15.7	5.7	18.3	○ 5.4	7.4	9.5	14.6
平均	11.2	11.0	8.4	13.5	○ 3.8	12.5	7.2	9.0	11.0	× 16.4

表中の○印は9校中の最小値、×印は最大値

〈参考〉 上位3校11.0％　×中位3校7.8％　下位3校12.1％
1位（中位）7.8−3位（下位）12.1＝−4.3％

いる。したがって、子どもにとって楽しいのは、静粛で、しーんとしたというより、少しざわざわしている面もある学校ということが考えられよう。

学級のふんいきについては、これまでふれてきた通りだとして、それでは、授業を理解できることは学校の楽しさにどの程度関連しているのだろうか。表2−13は、「国語や算数、社会、理科の授業がわかる」と「学校の楽しさ」との関連を示している。A校はわかりやすい授業を展開していて、「授業がほとんどわかる」が34.1％と、3割を超える。それに対し、下位のG校は「ほとんどわかる」が19.0％、I校は17.4％と、授業のわかる割合が2割を下回っている。つまり、授業のわからない子どもが多い学校では、学校の楽しさが低下している。

9校の「学校の楽しさ」を上位、中位、下位に3分した結果でも、上位3校が30.7％、中

●表2−12　授業中のおしゃべり　　　　　　　　　　　　　　　　　　　　　　　（単位は％）

	全体	A校	B校	C校	D校	E校	F校	G校	H校	I校
いつも	22.1	28.4	21.5	18.2	14.0	25.2	17.3	20.5	25.5	20.0
ときどき	35.2	37.3	28.8	33.9	34.6	37.5	41.1	39.5	34.0	37.3
小計	57.3	×65.7	50.3	52.1	○48.6	62.7	58.4	60.0	59.5	57.3

〈参考〉上位3校56.0％　中位3校56.6％　○下位3校58.9％
　　　　1位（下位）58.9−3位（上位）56.0＝2.9％

●表2−13　授業の理解（「ほとんどわかる」割合）　　　　　　　　　　　　　　　（単位は％）

	全体	A校	B校	C校	D校	E校	F校	G校	H校	I校
社会	22.1	○28.4	24.8	24.5	27.4	18.5	24.8	13.8	20.2	×4.0
理科	26.3	31.4	27.6	○36.4	×16.2	17.0	25.9	17.0	26.5	25.3
国語	26.4	○39.2	23.8	30.4	×15.1	19.3	27.6	21.3	26.9	16.0
算数	30.9	○37.3	32.8	32.0	24.5	30.9	29.4	×23.9	30.6	24.3
平均	26.4	○34.1	27.3	30.8	20.8	21.4	26.9	19.0	26.1	×17.4

〈参考〉○上位3校30.7％　中位3校23.0％　下位3校20.8％
　　　　1位（上位）30.7−3位（下位）20.8＝9.9％　　**

*$p<0.05$　**$p<0.01$　***$p<0.001$

位3校23・0％、下位3校20・8％である。したがって、「授業がわかる」ことは学校の楽しさと密接な関連を持っているように思われる。

学校の授業のなかには、国語や算数のような知識科目の他に、体育や音楽のような実技科目がある。すでにふれたように、知識科目がわかることが学校の楽しさに結びついていたが、実技科目の得意さは学校の楽しさに関係を持つのだろうか。

表2－14によると、家庭科はC校、図工はE校、音楽はA校、体育はH校のように、教科によって、指導のうまい専科の先生がいて、子どもがその教科を好きになる状況が浮かんでくる。それでも全体としてみると、「家庭科や図工ができる」は、上位校37・7％、中位校37・1％、下位校31・7％で、実技科目ができると思えるほうが、学校を楽しみと感じる傾向が高いという結果が得られている。

2 担任や学級への評価

このように授業を理解できることが、学校の楽しさと関連している。しかし、子どもは、学校に籍を置いていることはたしかだが、具体的には、多くの時間を学級で過ごしている。そこで、次の表2－15から2－19までに学級に関連した調査項目の集計結果を示した。表2－15に示したように、「学校

●表2-14　実技科目ができる（「ほとんどできる」割合） （単位は％）

	全体	A校	B校	C校	D校	E校	F校	G校	H校	I校
家庭科	28.7	30.1	24.1	○36.3	26.6	27.4	30.8	29.1	31.8	×7.4
図工	37.1	34.3	35.9	31.5	32.4	○49.4	45.6	×30.9	34.6	33.3
音楽	39.9	○51.0	42.2	40.5	32.1	45.3	37.3	34.6	38.1	×25.3
体育	40.4	42.2	41.6	42.8	39.6	43.2	35.5	38.3	○44.7	×32.0
平均	36.5	39.4	36.0	37.8	32.7	○41.3	37.3	33.2	37.3	×24.5

〈参考〉○上位3校37.7％　中位3校37.1％　下位3校31.7％
1位（上位）37.7－3位（下位）31.7＝6.0％　　＊
＊$p<0.05$　＊＊$p<0.01$　＊＊＊$p<0.001$

3 学級の人間関係

このように学級での居心地の良さは学校の楽しさと密接に結びついているが、表2-17に、学級内の友だち関係についての結果を示した。設問内容が「話せる友だちがいない」や「親友とでも疲れ

が楽しい」と感じている子の多い学校では、「担任の先生でよかった」と思う子どもが多い。B校では56・6％の子どもが、「担任の先生でよかった」と思っている。B校は、すでにふれたように、人口増加で2年前に2校が3校に分離して、新しくB校を作った。それだけに、すべての先生が、新しい感じで学級をスタートさせた。そうした事情が、B校の評価の高さにつながったのであろう。

そして、表2-16は、「今の学級でよかった」と「学校へ行く楽しさ」との関連を示している。今の学級で「よかった」と思える割合が高いのは、A校の74・8％で、低いのがH校の39・9％である。参考欄から明らかなように、「学校の楽しさ」が上位の3校の子どもが「今の学級でよかった」と思う割合が60・3％、中位が50・8％、下位が43・9％である。したがって、「今の学級でよかった」と思えることが、学校が楽しい前提であるように考えられる。

● 表2-15 担任の先生で「よかった」 (単位は%)

	全体	A校	B校	C校	D校	E校	F校	G校	H校	I校
とても	41.9	33.7	○56.6	46.4	33.7	42.9	37.3	40.1	36.3	×32.4

〈参考〉 ○上位3校45.6％　中位3校38.0％　下位3校36.3％
　　　　1位（上位）45.6－3位（下位）36.3＝9.3％　**
*$p<0.05$　**$p<0.01$　***$p<0.001$

● 表2-16 今の学級で「よかった」 (単位は%)

	全体	A校	B校	C校	D校	E校	F校	G校	H校	I校
とても	48.5	○74.8	57.1	48.9	58.1	46.9	47.3	46.5	×39.9	45.2

〈参考〉 ○上位3校60.3％　中位3校50.8％　下位3校43.9％
　　　　1位（上位）60.3－3位（下位）43.9＝16.4％　***
*$p<0.05$　**$p<0.01$　***$p<0.001$

る」などの項目なので、数値の低いほうが学級での居心地の良さにつながる。上位3校の数値が18・5％、中位3校が21・3％、下位が22・0％で、その差はそれほど大きくはないが、上位校ほど、子どもたちが学級内での孤立感が少ないようにみえる。

表2-18は、学級内に話せる「友だちがたくさんいるか」と「学校の楽しさ」との関連を示している。上位3校の平均が49・7％で、下位の3校が47・8％の結果が示すように、「友だちがたくさんいる」と「学校の楽しさ」との間に、有意な差が認められなかった。こうした学級内の友だち関係については、項目をさらに吟味して、学級の楽しさに結びつく項目を選びだすことが大事になると思われるが、調査結果を素朴にとらえれば、友だちがたくさんいなくとも、学級内に話せる友が一人か二人いれば、学級内で精神的な安定を保てるのかもしれない。

●表2-17　学級での孤立（「とても」「わりと」「ときどき」ある割合）　　　（単位は％）

	全体	A校	B校	C校	D校	E校	F校	G校	H校	I校
話せる友だちがいない	18.1	10.7	18.1	16.7	21.9	17.0	17.0	×24.9	19.8	○7.9
親友とでも疲れる	22.0	18.5	○17.2	22.7	28.3	21.2	×29.0	22.9	21.3	17.3
学級でイライラ	26.0	15.6	25.7	21.7	33.9	○11.8	11.8	×28.2	28.0	28.1
平均	22.0	○14.9	20.3	20.4	×28.0	16.7	19.3	25.3	23.0	17.8

表中の○印は9校中の最小値、×印は最大値

〈参考〉×上位3校18.5％　中位3校21.3％　下位3校22.0％
　　　1位（上位）18.5－3位（下位）22.0＝－3.5％　　＊
　　　　＊$p<0.05$　＊＊$p<0.01$　＊＊＊$p<0.001$

●表2-18　学級内の友だち（「4，5人以上いる」割合）　　　（単位は％）

	全体	A校	B校	C校	D校	E校	F校	G校	H校	I校
相談にのってくれる友	32.4	33.3	30.1	30.0	27.1	○43.2	32.5	29.0	36.6	×27.0
心から信頼できる友	38.0	39.5	38.2	39.1	35.5	34.5	34.7	34.8	○40.9	×33.3
休み時間に遊べる友	79.9	76.5	78.9	81.2	×67.9	○85.2	81.1	69.4	80.1	79.4
平均	50.1	49.8	49.1	50.1	×43.5	○54.3	49.4	44.4	52.5	46.6

〈参考〉○上位3校49.7％　中位3校49.1％　下位3校47.8％
　　　1位（上位）49.7－3位（下位）47.8＝1.9％

表2-19は「学級のふんいきに満足している」と「学校の楽しさ」との関連を示している。9校の中で、「学級に満足している」割合がもっとも高いのはA校の59・4％、低いのがI校の24・3％である。検定の＊＊＊印が示すように、学校が楽しいという子どもは、学級のふんいきに満足している割合が高く、それとは逆に、学級に満足できないと、学校に充足感を持てなくなる。

4 楽しさを支える条件

ここまで、学校差に着目して、学校の楽しさを支える条件を考察してきた。1章の終わりで、サンプル全体を対象として、学校生活の楽しさを支える条件を検討した。ここでは、より正確に、学校差の持つ意味を検討してみたい。その際、統計的な検定を付してきたので、これを一つのめやすとして、学校の楽しさについての学校差をまとめてみよう。

① 「楽しい学校」を支える条件

関連が認められない

「学校の施設が清潔」　　（表2-5）
「校庭が広い」　　　　　（表2-6）
「学校内での知名度」　　（表2-7）

●表2-19　学級のふんいきに満足（「とても満足」の割合）

(単位は％)

	全体	A校	B校	C校	D校	E校	F校	G校	H校	I校
学級に満足	36.7	○59.4	39.2	42.2	32.7	36.6	33.7	29.9	31.1	×24.3

〈参考〉○上位3校46.9％　中位3校34.3％　下位3校28.4％
　　　　1位（上位）46.9－3位（下位）28.4＝18.5％　＊＊＊
＊$p<0.05$　＊＊$p<0.01$　＊＊＊$p<0.001$

2章 楽しい学校と楽しくない学校

② 関連が認められる（*）

「教室が清潔」（表2−10）
「授業中のふんいき」（表2−11）
「授業中のおしゃべり」（表2−12）
「学級内の友だち」（表2−18）

③ かなり強い関連が認められる（**）

「学級内での孤立」（表2−17）
「実技科目ができる」（表2−14）
「授業時間以外の楽しさ」（表2−9）
「学校行事の楽しさ」（表2−8）

④ とても強い関連が認められる（***）

「授業の理解」（表2−13）
「担任の先生でよかった」（表2−15）
「今の学級でよかった」（表2−16）
「学級のふんいきに満足」（表2−19）

このように、楽しい学校を支える条件のなかで、「学校の施設が清潔」から「校庭が広い」「学級内の友だち関係」までの七項目は、楽しさに関連を持たなかった。もっとも、すでにふれたように、施

63

設の清潔を例にすると、特別に清潔だからといって、学校が楽しいとはいえないのはたしかだが、清潔でない学校の子どもが学校を好きと思っていない傾向が認められる。したがって、汚い学校でいいとはいえない。しかし、「校舎をきれいにすれば学校が楽しい」といいにくいのもたしかなように思われる。

そして、学校の楽しさと「関連」が認められるのは、①「学校行事が楽しい」、②休み時間などの「授業以外の時間が楽しい」、③体育などの「実技科目ができる」、④「学級内で孤立」していないの四項目だった。学校のふんいきが明るいとか、授業以外の時間帯が楽しいというような感じの項目である。

そして、学校の楽しさと「かなり強い関連」が認められるのが①国語などの「授業がわかる」と②「担任の先生でよかった」の二項目である。先生が気に入っていて、授業がわかる。そうだとしたら、学校が楽しいのも当然という気持ちがする。

これ以上に、学校の楽しさと「とても強い関連」が認められるのが、①「今の学級でよかった」と②「学級のふんいきに満足している」の二項目となる。子どもにとって、学級に満足できることが学校の楽しさにつながるように思われる。

このように、個人的な属性の考察でもふれたように、担任の先生を信頼でき、学校へ行くと話せる友だちがいれば、学校が楽しくなる。そうなると、子どもにとって、「楽しい学校」とは「うちの学級は居心地がいいと、自分の学級に誇りを持てる子どもが多い学校」ということになる。

5 学校ごとの特性

そこで、これまでの結果を、それぞれの学校と結びつけて考察すると、以下のような学校ごとの特性が浮かんでくる。

① A校＝のびのびとした学校
　「学校内での知名度高い」（表2－7）
　「おしゃべりが多い」（表2－12）
　「授業がわかる」（表2－13）
　「学級が好き」（表2－16）
　「孤立気味の子が少ない」（表2－17）
　「学級のふんいきに満足」（表2－19）

② B校＝明るい学校
　「学校内での知名度低い」（表2－7）
　「学校行事が楽しみ」（表2－8）
　「担任を好き」（2位、表2－15）

③ C校＝安定している学校
　「おしゃべり少な目」（2位、表2－12）
　「担任が好き」（2位、表2－15）
　「学級のふんいき好き」（2位、表2－19）

④ D校＝きちんとした学校
「校庭が広い」（表2―6）
「朝の会などが楽しい」（表2―9）
「授業が静粛」（表2―11）
「おしゃべりが少ない」（表2―12）
「子どもが孤立気味」（表2―17）
「友だちが少ない」（表2―18）

⑤ E校＝モダンな学校
「友だちが多い」（表2―18）
「教室が清潔」（表2―5）
「施設が清潔」（表2―10）

⑥ F校＝平均的な学校

⑦ G校＝活気に乏しい学校
「給食などが楽しくない」（表2―9）
「友だちが少なめ」（2位、表2―18）

⑧ H校＝無気力な感じの学校
「学校を好きになれない」（表2―3）
「学級がよかったと思えない」（表2―16）

⑨ I校＝荒れる学校
　「授業が荒れる」　　　　（表2−11）
　「授業がわからない」　　（表2−13、14）
　「担任を嫌い」　　　　　（表2−15）
　「学級に不満」　　　　　（表2−19）

これまでの結果をまとめると、A校はおしゃべりが多いが、授業がわかり、自分の学級を好きな子が多い「のびのびとした学校」となる。そして、B校は、学校行事が楽しく、担任を好きな子が多い「明るい学校」となる。さらに、C校は担任を好きな子が多く、おしゃべりが少ない「安定した学校」、D校は校庭が広く、授業中のおしゃべりが少なく「きちんとした学校」である。このように、楽しさの中位に静粛な感じの学校が並ぶあたりに、望ましい学校を考える際の鍵が潜んでいると思われる。

そして、E校は施設や教室が清潔なモダンな学校である。さらに、G校は給食などが楽しくない「活気に乏しい学校」、H校は学級を好きになれない子どもが多い「無気力な感じの学校」である。最下位のI校からは担任が嫌いで、学級を好きになれない子どもが多い「荒れる学校」という印象を受ける。

このように今回の調査では、各学校をたずね、ヒアリングを行なっている。とくに、データが得られた後に、あらためて学校をたずね、結果についての学校サイドのコメントを聞くことにした。

ここでは4校の聞き取りに限って、これまでの考察と聞き取りを重ね合わせると、以下のように

る。学校についてのこれまでの叙述と重複する面もあるが、いくつかの学校の特長をまとめておこう。

評価がもっとも高かったA校は伝統のある商業地、具体的には東京の神楽坂にある学校で、地域がしっかりとして、地域の協力を得やすい学校である。ただ、過疎化が進んで、子どもの数が減り、全校で二百人、6学級の小規模学校になっている。現在、若い頃、同一校に勤務した先生が校長、教頭となって、三年間のコンビを組み、学校としてきめ細やかな指導が可能になっている。6学級なのに、TT教員が二人、専科教員が二人いて、学校経営にあたっている。

次のB校は湘南の新興住宅地にある学校で、それまでの2校を、三年前に3校に分離した新設校である。教員は全員開校以来一緒で、市の教育委員会の支援もあって、新しい教育課題に積極的に取り組んでいる学校である。

E校はバブルが全盛だった平成初めに設計され、平成六年に完成した区のモデルスクールである。一階に、地域に開放された子ども図書館があり、校庭は地域の広場との境目がなく、地域に開かれた学校という感じがする。教室も2学級を単位としたオープンスペースの構成で、吹奏楽の伝統もある地域の名門校である。しかし、子どもからの評価はそれほど高くはない。おとなの目にすばらしい学校のように思えても、子どもからすると、息苦しい部分があるのかもしれない。

そして、最下位のI校は荒川に面した学校で、金八先生のロケ地だった地域にある。調査した時の四年ほど前から、盗みに端を発したいじめ問題が深刻化し、教師が情況を放置しておいたための親たちが、隣接する他校に子どもの籍を移した。その結果、もともと少ない子どもがさらに減り、在校生が百人となり、取材した時は、新しい校長を中心に学校の立て直しに取り組んでいる最中である

3節　楽しい学級とその背景

1　学級差の存在

すでにふれたように、子どもにとって、学校の楽しさという時、学校での居心地が重要だった。そこで、今回の調査に協力してくれた9学校の小学4年生以上の57学級すべてについて、学級ごとの楽しさをたしかめると、表2-20のような数値が得られる。

A校を手がかりとして、表の結果を読み取ってみよう。A校は11校の中では一番楽しいと思われている学校で、53・7％の子どもは、学級が楽しいと答えている。A校は、単級学校なので、4年から6年までで3学級しかないが、そのうち評価がもっとも高かったのは6年生の70・5％で、5年生も57・1％である。しかし、4年生の楽しさは33・4％にとどまる。したがって、A校の評価の高さ

●表2-20　学級の楽しさ（「とても」「わりと」楽しみの割合）　　　　（単位は％）

	全体	4年生			5年生			6年生		
		1組	2組	3組	1組	2組	3組	1組	2組	3組
A校	53.7	(ア) 33.4	――	――	57.1	――	――	70.5	――	――
B校	49.6	53.0	81.8	62.5	38.2	64.2	39.4	(イ) 38.2	30.5	43.4
C校	49.3	52.1	76.0	66.6	45.9	54.0	35.1	48.5	51.7	26.4
D校	48.6	35.9	――	――	58.9	――	――	51.6	――	――
E校	46.8	40.7	56.7	66.7	59.2	65.3	25.8	54.6	35.7	28.5
F校	44.4	31.6	57.7	――	37.5	45.0	――	51.8	37.5	――
G校	38.4	29.4	40.7	――	37.3	41.4	――	39.1	57.7	――
H校	34.1	53.4	33.4	19.4	36.4	34.5	38.7	28.6	37.9	27.6
I校	25.0	44.0	――	――	20.0	――	――	(ウ) 10.7	――	――

（ア）島に勤務していた先生が今年から赴任　　（イ）4年生までの2校を3組に分離。集団ができず　　（ウ）盗みといじめの後遺症

は、6年生の7割を超える評価の高さがもたらしたもので、それにしても、4年生の評価の低さはどうしたことなのか。

注記したように、四年間、東京から離れた島に勤務していた先生が、今年、都心部のA校に赴任した。学校でお会いした感じでは、活発でハキハキとした体育系ののりの好感を持てるタイプだった。しかし、A校が江戸以来の伝統のある花街を抱えた商店街なので、「しゃれ」とか「いき」を好む人々が多く、そうした地域のふんいきに転任教師がなじまなかった。何人かの子どもをきつく叱ってしまい、それが、親とのギャップを生んだらしい。

なお、6年生の担任は四十歳代半ばの男性教師で、若い頃に隣の学校に勤務していたので、校区の事情に通じている。加えて、勤務して六年目で、地域の親からの信頼を得ていた。教師として、そうした加熱状況を好ましいとは思っていないが、さすがベテラン教師らしく、自分の気持ちを抑えて、親や子どもに接していた。私立中学への進学者が8割を超えるので、ほとんど全員が塾に通っている。

A校のように単級の学校もあるが、B校のように各学年3学級構成の学校もある。B校のなかでは、6年生の評価は低く、なかでも、4年2組の支持率は81・8％にのぼる。それに対し、6年生の評価は低く、6年2組は30・5％、6年1組は38・2％にとどまる。すでにふれたように、B校は、三年前に2校を3校に分離してできた新設校なので、6年生の場合、4年生まで別々の学校に籍を置いていた。そのため、現在でも、その後遺症で、学級の子どもが旧校の二群に分かれて、対立し、学級としてのまとまりを欠く。4年生は意識的に学級の融和に努めている。とくに2組の担任は三十歳代前半のスポーツ好きの若い男性の先生で、時間を見つけては、子どもとドッジボ

2 評価の高い学級・担任

ールやSケン、縄跳びなどをしている。そうした努力が実って評価の高さにつながったように思える。

子どもからの評価がもっとも低いI校の場合、4年生は44・0％でそれほど低くはない。しかし、6年生の10・7％はあまりにも低い。先にふれたように、I校では二年前にいじめ問題があった。学級に盗みがあり、担任が粗暴なグループのいたずらと決め込んで指導をしたのにグループが反発して、いじめが深刻化した。こうした状況に親が巻き込まれ、教師を批判する親、粗暴なグループの指導を望む親などに意見が分かれた。何回か、学級の保護者会が持たれたが、対立が激しくなり、教育委員会が乗り出した。そして、学校に不満を持つ親は他校へ転学してよいという形で、事態が収拾された。結局、半数以上の子どもが他校へ移り、それが、6年生が十三人しかいない現状となった。前年度から新しい教頭が赴任し、翌年、教育委員会から新しい校長が来て、学校経営の一新を図った。しかし、この結果では、有効な対策がとられていないようにみえる。

このように学級にそれぞれの事情が認められるが、57学級の中から、評価の高い5学級と低い5学級とを示すと、表2-21の通りとなる。

この表で目につくのは、学級の楽しさが担任への評価と密接に関連する事実であ

●表2-21　評価が高い学級・低い学級の担任評価　　　　　　　　　　　　　　（単位は％）

	学級評価（学校）	担任評価（順位）		学級評価（学校）	担任評価（順位）
上位1	81.8（B校 4-2）	97.0（ 2位）	下位1	10.7（I校 6-1）	40.6（51位）
2	76.0（C校 4-2）	92.9（ 8位）	2	19.4（H校 4-3）	55.6（43位）
3	70.0（A校 6-1）	#68.6（30位）	3	20.0（I校 5-1）	※87.6（11位）
4	66.7（E校 4-3）	96.7（ 4位）	4	26.4（C校 6-3）	37.8（55位）
5	66.6（C校 4-3）	96.6（ 5位）	5	27.6（H校 6-3）	17.2（57位）

#進学は塾へ。学級は楽しく　※子どもと親を巻き込んで，いじめ対策

ろう。今回のサンプル57学級の中で、学級の楽しさがもっとも高いB校4年2組の学級の「楽しさ」は81・8％だが、この学級の担任への評価は97・0％で、これは57学級中の2位にあたる高さである。学級の楽しさが2位のC校4年2組は「楽しさ」が76・0％で、担任への満足も92・9％と、学級の楽しさが4位（E校4年3組）は担任への評価も4位、学級の楽しさが5位（C校4年3組）は担任への評価が5位と、学級の楽しさと担任への評価とは結びついていることがわかる。

学級の楽しさが3位のA校6年1組は、楽しさは70・0％だが、教師への信頼は68・6％で、全体の30位にとどまる。すでにふれたように、この校区は私立受験者が多く、半数以上が進学塾に通っているので、担任は学校では楽しく過ごすことを心がけているという。そうした教師の配慮を子どもはわからないのであろう。学級は楽しくなったが、担任への評価を低めているらしい。

これに対し、学級の評価が最下位（学級の楽しさが57位）のI校6年（単級学校）の教師への信頼は40・6％で、51位である。また、下から2位（56位）H校4年3組の担任への評価は55・6％で、学級への不満と教師への不信とは結びついているようにみえる。

しかし、下位から3番目（上から55位）のI校の5年（単級学級）は、学級の楽しさは20・0％だが、担任への評価は87・6％と高く、全体の中で11位となっている。すでにふれたように、I校ではいじめがあり、学級内の関係が乱れた。新しく赴任した担任は、親との関係を密接にすることに力を注ぎ、頻繁に家庭訪問をしたり、夜間に保護者会を開いたり、学級便りを配るなどをした。そうした

3 楽しい学級の状況

したがって、学級によって例外がみられることもあるが、担任への高い評価、つまり、担任に対して「信頼感を持てる」ことが学級の楽しさと強く結びついているようにみえる。

表2−21は担任評価と学級の楽しさとの関連をもうすこし詳しく調べた結果である。これは、表2−21の上位3学級をL・M・N学級、下位3学級をX・Y・Z学級として、それぞれの学級のふんいきを分析した結果を示している。

この表2−22を上位3学級、下位3学級にまとめてみると、表2−23の通りとなる。当然といえばそれまでだが、上位3学級に暮らす子どもと下位3学級の子どもとでは、学級の居心地は大きく異なる。

統計的に差が認められないのは、六行目の「体育ができる」と一番下の「休み時間」で、その他の時間は、上位3学級の子どものほうが、はるかに充実した気持ちをいだいている。とくに、国語や算数がわかり、体育ができると思っている子どもが多く、授業中に立ち歩く子が少ない。友だちの発言を笑う子どもも少ない。そうした学級の子どもが学級に充足感を味わっている。教師の指導力がしっかりして、子どもが教師を信頼している。そうした感じだと、子どもたちは学校を楽しいと思うらしい。

これまでの結果は考え方によると、決して新しくなく、平凡なもののように思われる。まず、学校

● 表2-22　学級ごとの情況

	L学級	M学級	N学級	X学級	Y学級	Z学級
学校―学年・学級	B 4-2	C 4-2	A 6-1	I 6-1	H 4-3	I 5-2
学級人数	33（人）	28	35	32	36	16
学校の楽しさ（とても）	81.8（%）	76.0	70.0	10.7	19.4	20.0
担任よかった（とても）	87.9	64.3	40.0	15.6	33.3	43.8
学級よかった（とても）	84.8	35.7	77.1	32.3	25.0	56.3
国語（ほとんど）	27.3	39.3	51.4	6.3	16.7	12.5
算数（ほとんど）	50.0	32.1	51.4	9.4	30.6	33.3
音楽（ほとんど）	39.4	32.1	51.4	12.6	27.8	37.5
体育（ほとんど）	36.4	35.7	40.0	21.9	38.9	43.8
授業中私語（いつも）	15.2	14.3	25.7	31.3	27.8	25.0
授業中立つ（たまに）	21.4	39.3	37.1	40.6	31.4	50.0
友の発言笑う（たまに）	36.4	39.3	45.7	78.1	44.4	75.0
給食の楽しみ（とても）	62.5	57.1	42.9	41.9	47.1	56.3
休み時間（とても）	97.0	85.7	60.0	75.0	58.3	68.6

● 表2-23　学級の情況（上位，下位3学級の平均）　　　　（単位は%）

	上位3学級（LMN）	下位3学級（XYZ）	差（上位－下位）	
担任よかった（とても）	64.1	30.9	33.2	***
学級よかった（とても）	65.9	37.9	28.0	***
国語（ほとんどわかる）	39.3	11.8	27.5	***
算数（ほとんどわかる）	44.5	24.4	20.1	***
音楽（ほとんどできる）	41.0	26.0	15.0	**
体育（ほとんどできる）	37.4	34.9	2.5	
授業中私語（いつも）	18.4	28.0	−9.6	**
授業中立ち歩き（たまに）	32.6	40.6	−8.0	*
友の発言を笑う（たまに）	40.5	65.8	−25.3	***
給食（とても楽しみ）	54.2	48.4	5.8	**
休み時間（とても楽しみ）	80.9	67.3	13.6	

*$p<0.05$　**$p<0.01$　***$p<0.001$

の清潔さや学校行事の楽しさは学校の楽しさを支える土台で、行事を例にすれば、楽しいほうが望ましいことはたしかだが、行事が楽しいからといって、学校生活がとても楽しくなることは少ないように思われる。そして、基本的には、学校の楽しさは「学級の楽しさ」で、具体的には、「話せる友だちと頼れる先生がいること」が学級の楽しさと結びついている。しかし、学級内の友だち関係は、教師の指導によって状況が変わることを考えると、学校の楽しさに強い影響を及ぼすのは教師の指導力になるとも考えられる。こうした個々の学級の楽しさが積み重なると、楽しい学校というふんいきが醸し出される。そうした意味では、少なくとも、学校の改革は、子どもの心を理解し、指導できる担任のもとで、居心地の良い学級を作ることが何より肝要だと考えられる。

3章 中学生にとっての学校

1節 学校の楽しさ

1 調査のデザイン

1、2章では小学生を対象として、学校の楽しさを支える背景を検討してきた。それでは、中学生になると、学校の楽しさはどのようになるのであろうか。

小学生は幼いから批判力がそれほど備わっていない。加えて、子どもは体力的にも幼いから、教師は保護者として子どもに接することができる。したがって、小学生の場合、教師と子どもとの関係が円滑に進むことが多くても当然であろう。しかし、中学生になると、生徒は反抗期に入り、何事につけ反発するむずかしい年齢になり、体力も女教師などを圧倒するものがあろう。それだけに、学校内

で生徒と教師とが対立する場合があってもそれほど不思議ではない。

そこで、関東の4中学を対象として、生徒たちの学校生活への満足度をたずねる調査を行なうことにした。前章の小学生調査でも、学年や学級ごとのデータを踏み込んで分析するのに、学校サイドから多くの協力を得た。中学生調査でも、単なるアンケート調査より踏み込んで、個々の生徒の気持ちを汲み取れる調査を実施したいと思った。

すでにふれたように小学生調査は、同じ時期に9の学校で調査を行なったが、あのような緻密な調査を実施するようになると、データが緻密なだけに、一回だけの調査に信頼を置いてよいのかを不安に思った。

ある担任の子どもからの評価が低かった場合、一回だけの結果から、数値が「低い」と断定してよいかとまどいを感じた。もちろん、一回だけの調査でも多くの困難を伴う。しかし、考えてみると、新学年の始まった5月初めと学年の進んだ12月とでは数値の意味が異なってこよう。そこで、時間差をつけて、二度の調査を行ない、学校の楽しさの変化を追い求めることにした。

一回の調査でも、学校経営への考え方や学級の情況をあれこれとヒアリングするので、学校からすれば迷惑なのに、それをもう一度くり返すのは学校からすると敬遠したくなるのも当然であろう。

そこで、調査の目的を話し、協力校を探した。最終的に、関東の4中学の協力を得ることができた。

そして、調査時期として、三学期は受験などもあって3年生の協力を得にくいので、二回目を二学期に実施することにした。具体的には、新学期になり二か月を経過し学級が安定した6月に一回目の調

査を実施した。その後、二回目の調査として、二学期が始まり二か月を経て学級が完全に軌道に乗った11月に二回目の調査を実施することにした。

せっかく、二回の調査を実施するのであるから、一回目と二回目とで学校の楽しさがどう変化したのかを知りたい。そのためには、一回目と二回目との連続性を確保するために、調査に工夫をこらすことにした。具体的には、一回目と二回目との連続性を確保入してもらい、一回目と二回目との連続性を確保することにした。もちろん、生徒の秘密を守るため、アンケート用紙は学級ごとに封に入れ、学校でまとめて、集計会社に送付する形をとった。

なお、アンケート用紙は、あらかじめ、比較を意識して、一、二回ともに共通する項目を設定した。その他の項目は、一回目に基本的な属性などをたずね、二回目に補充項目を配置した。そして、二回目の調査データの分析を終えてから、学校に調査結果についてのヒアリングを行なうことにした。

正直なところ、生徒番号を記入する調査に生徒が本当の気持ちを書くのか心配だった。それと同時に、二回目の調査で、生徒たちが一回目と同じ生徒番号をきちんと記入してくれるか不安だったが、結果は表3-1の通りである。生徒番号を通して確認してみると、第一回調査で答えてくれた生徒の94.1%が、二回目の調査に回答を寄せている。したがって、二回目も信頼できるデータを回収することができた。

●表3-1 サンプルの構成　　　　　　　　　　　　　　　　（人）

	中1	中2	中3	計
男子	349（377）	405（404）	389（393）	1143（1174）
女子	348（365）	321（318）	351（347）	1020（1030）
計	697（742）	726（722）	740（740）	2163（2204）

1回目（2回目）の回答人数。いずれも、生徒番号の記入あり。1, 2回とも、確認がとれたサンプルは2089ケース。全生徒数は2219なので、有効数は94.1％である。

2 中学の充足感

このように、中学生に6月と11月の二回にわたって調査を行なった。生徒たちが二度の調査にきちんと答えてくれたのはすでにふれた通りだが、二回目のデータがどの程度信用できるかどうかが問題になる。

表3－2に示したように、部活動を例にとると、「運動部に積極的に参加した」が一回目の59・0％から二回目の55・9％へ、心持ち減少している。しかし、一学期の後半から二学期にかけて、部活動をやめたり、参加に消極的になったりする生徒がいるので、こうした数値の変化は理解できる。退部した生徒が一回目の5・3％から2回目の6・5％へ、1、2％ほど増加しているが、半年後に退部者が多くなるのが当然で、納得できる。

そうした意味では、表3－2を手がかりにすると、二度の調査の結果をほぼ信用できるように思える。

それでは、中学校の楽しさはどうなっているのか。表3－3に結果を示したが、数値の羅列で解釈がむずかしいので、主な考察結果を列挙してみよう。

① 全体として＝一回目の6月調査の場合、「とても」と「わりと」を含めて、学校が楽しみな生徒は57・5％で、「少し楽しみ」を加えると、「楽しい」は76・3％と4分の3にのぼる。そして、「つまらない」と感じている生徒は12・7％にとどまる。

② 6月から11月への変化＝学校が「楽しい」は一回目の57・5％から二回目の54・5％へと、楽

●表3-2　部活動への参加　（単位は％）

	1回目	2回目
運動部・積極的	59.0	55.9
消極的	12.1	12.9
文化部・積極的	14.2	13.7
消極的	6.5	8.0
退部	5.3	6.5
入部経験なし	2.6	3.0

保育ライブラリ

編集委員:民秋 言,小田 豊,栃尾 勲,無藤 隆
A5判　定価各1995円

●子どもを知る

教育心理学
無藤 隆,麻生 武　編著

発達心理学
無藤 隆,藤崎眞知代　編著

臨床心理学
無藤 隆,福丸由佳　編著

保育心理学
無藤 隆,清水益治　編著

乳幼児心理学
無藤 隆,岩立京子　編著

小児保健
高野 陽,加藤則子,加藤忠明　編著

小児栄養
二見大介,高野 陽　編著

精神保健
松橋有子,高野 陽　編著

家族援助論
小田 豊,日浦直美,中橋美穂　編著

保育実践のフィールド心理学
無藤 隆,倉持清美　編著

体調のよくない子どもの保育
高野 陽,西村重稀　編著

●保育の内容・方法を知る

教育課程総論
小田 豊,神長美津子　編著

保育内容総論
民秋 言,狐塚和江　編著

保育内容「健康」
民秋 言,穐丸武臣　編著

保育内容「人間関係」
小田 豊,奥野正義　編著

保育内容「環境」
小田 豊,湯川秀樹　編著

保育内容「言葉」
小田 豊,芦田 宏,門田理世　編著

保育内容「表現」
花原幹夫　編著

指導計画法
小田 豊,神長美津子　編著

幼児教育の方法
小田 豊,青井倫子　編著

乳児保育
増田まゆみ　編著

障害児保育
渡部信一,本郷一夫,無藤 隆　編著

養護内容
福永博文　編著

保育臨床相談
小田 豊,菅野信夫,中橋美穂　編著

＊子ども文化
八木紘一郎　編著

●保育・福祉を知る

社会福祉
片山義弘,李木明徳　編著

社会福祉援助技術
片山義弘,李木明徳　編著

児童福祉
植木信一　編著

保育原理
民秋 言,河野利津子　編著

養護原理
櫻井慶一　編著

保育者論
小田 豊,笠間浩幸,柏原栄子　編著

教育原理
小田 豊,森 眞理　編著

●保育の現場を知る

保育所実習
民秋 言,安藤和彦,米谷光弘,中西利恵　編著

幼稚園実習
民秋 言,安藤和彦,米谷光弘,上月素子　編著

施設実習
民秋 言,安藤和彦,米谷光弘,中山正雄　編著

＊は未刊

心理学全般, 基礎心理, 認知心理

なぜ心理学をするのか
心理学への案内
北村英哉　著
四六判　220頁　定価1680円

なぜ心理学なのか,研究者はどのようなスタンスで研究に向かうのか,その成果は日常生活でいかに生きるのか。幅広い読者に対し,心理学を学ぶ意味を伝える画期的な教科書。

心理尺度のつくり方
村上宣寛　著
A5判　160頁　定価2310円

主観的判断を客観的検討にたえる数値に変換する心理尺度。妥当性の高い尺度をいかに開発するのか。統計的基礎から信頼性・妥当性概念の吟味,開発の実際まで網羅する方法論。

誰も教えてくれなかった因子分析
数式が絶対に出てこない因子分析入門
松尾太加志,中村知靖　著
A5判　192頁　定価2625円

数式を用いての説明は一切せず,因子分析の結果の見方や統計パッケージを利用した因子分析のやり方を説明。これまでの類書で満たされなかった不完全な知識の補填を図る。

SPSSのススメ1
2要因の分散分析をすべてカバー
竹原卓真　著
B5判　272頁　定価3360円

初心者のために徹底してわかりやすさを追求したSPSSガイドブック。初心者が躓きがちな点を分け入って詳説。ソフトを持っていなくても分析作業の流れがつかめるよう工夫。

心の輪郭
比較認知科学から見た知性の進化
川合伸幸　著
四六判　200頁　定価1680円

私たちの心は,どこまでがヒトに独自なもので,どこからがほかの動物と同じなのだろうか。他種生物との比較を通じ,ヒトという存在の独自性に迫る比較認知科学からの挑戦。

動機づけ研究の最前線
上淵　寿　編著
A5判　232頁　定価3150円

最新の状況を踏まえて研究を始めようとする人たちにパースペクティブを呈示。読み進めていく中で自然に全体像の把握が出来,実証研究だけでなく社会文化的な研究の紹介も。

視覚脳が生まれる
乳児の視覚と脳科学
J.アトキンソン　著
金澤　創,山口真美　監訳
A5判　304頁　定価2940円

視覚発達研究の世界をリードする著者による,脳発達の視点から視覚について解説した視知覚関連研究者の必須テキスト。近年の発達関連,脳関連への社会的関心にも応える。

アクティヴ・ビジョン
眼球運動の心理・神経科学
J.M.フィンドレイ,I.D.ギルクリスト　著
本田仁視　監訳
A5判　236頁　定価3360円

視覚は単なる静的・受動的なはたらきではない。さまざまな領域の知見を動員し,能動的な身体行動を伴う顕在的眼球運動が,人間行動にいかに寄与しているのかを解明する。

発達心理,教育心理

認知発達を探る
問題解決者としての子ども
A.F.ガートン 著
丸野俊一,加藤和生 監訳
A5判 190頁 定価2310円

認知発達研究の最前線はどうなっているか,それはどのような変遷を辿ってきたか。ピアジェとヴィゴツキーの理論を比較検討し,子どもの協同的問題解決や発達の特徴を解説。

ピアジェに学ぶ認知発達の科学
J.ピアジェ 著 中垣 啓 訳
A5判 240頁 定価2940円

ピアジェ理論の全体を晩年のピアジェ自身が要約した貴重な文献と,訳者による丁寧な解説と重要概念への注釈。ピアジェ理論を知るために最初に読むべき定番的な教科書。

0歳~5歳児までの
コミュニケーションスキルの発達と診断
子ども・親・専門家をつなぐ
B.バックレイ 著 丸野俊一 監訳
A5判 320頁 定価3570円

0歳~5歳にいたるまでの各発達段階での子どもがコミュニケーションスキルを習得していく上での特徴を詳述。特に,言語発達や親との対人関係に焦点を当てて解説している。

成人のアタッチメント
理論・研究・臨床
W.S.ロールズ, J.A.シンプソン 編
遠藤利彦,谷口弘一,金政祐司,串崎真志 監訳
A5判 488頁 定価5460円

発達初期のアタッチメント・スタイルの差異は対人関係や精神的健康にどのような帰結をもたらすのか? 基礎から応用まで,成人アタッチメント研究の現在を包括的に見渡す。

エイジング心理学
老いについての理解と支援
谷口幸一,佐藤眞一 編著
A5判 232頁 定価2730円

エイジング心理学の本格的テキスト。人の行動面にみられる加齢現象の基礎理論,各領域の国内外の成果,今後取り上げていくべき応用・臨床的課題などを簡明に解説。

自己調整学習の理論
B.J.ジマーマン, D.H.シャンク 編著
塚野州一 編訳
A5判 376頁 定価3990円

いかに人は能動的な学習者になるか?自己調整学習のプロセスを主要な7つの理論的アプローチから解説。米国で影響力を持ち始めている諸理論の国内への本格的導入。

自己調整学習の実践
D.H.シャンク, B.J.ジマーマン 編著
塚野州一 編訳
A5判 288頁 定価3570円

自己調整に関する研究の教育的適用に中心を置いた最初の一冊。さまざまな学習場面で生徒に自己調整スキルを獲得させるために試みられた介入プログラムを詳細に検討する。

授業デザインの最前線
理論と実践をつなぐ知のコラボレーション
高垣マユミ 編著
A5判 252頁 定価2625円

教育心理学の立場から実際の授業場面に生かす最新の理論をわかりやすく解説するとともに,教科教育学の立場から小・中学校の指導案づくり,授業実践例の具体的提案を行う。

その他

ぼくにだってできるさ
アメリカ低収入地区の社会不平等の再生産
J.マクラウド 著　南 保輔 訳
A5判　304頁　定価2940円

世紀末アメリカの低所得者向けの住宅団地に暮らす2つの若者グループのエスノグラフィ。業績主義を内面化し、階級・人種の障壁に翻弄される若者たちの希望の行方。

質的研究ハンドブック3巻
質的研究資料の収集と解釈
N.K.デンジン, Y.S.リンカン 編
平山満義 監訳　大谷 尚, 伊藤 勇 編訳
B5判　496頁　定価5880円

調査研究そのものを変革させた質的研究を見渡す専門的ハンドブック。資料収集・分析にあたり直面する問題、成果をいかに表現・評価・社会的活用するかという問題を扱う。

社会調査士のための多変量解析法
小杉考司 著
A5判　200頁　定価2415円

社会調査士をめざす文系学生のための入門書。ユーザーにとって何が大事かという視点から多変量解析法の全体像を大づかみする。社会調査士科目の講義計画に沿った内容構成。

構造構成主義とは何か
次世代人間科学の原理
西條剛央 著
A5判　264頁　定価2940円

多パラダイム並列科学である人間科学の実態を活かし「全体性」の理念を体現するための新たな原理。信念対立を解消し、学問間コラボレーションを進めるための総合ルール。

信念対立の克服をどう考えるか
構造構成主義研究2
西條剛央, 京極 真, 池田清彦 編著
A5判　264頁　定価2730円

養老孟司氏、竹田青嗣氏を招き、"わかりあうための思想"のあり方を模索。また、文学、教育学、精神医療など多様な領域における構造構成主義の展開を示す公募論文を掲載。

18歳からのキャリアプランニング
これからの人生をどう企画するのか
大久保功, 石田 坦, 西田治子 著
四六判　128頁　定価1260円

学生時代こそ今後の人生をどう設計していくのか、ということについて意識的であってほしい。そのために、学生の立場に立ち、わかりやすく有用な情報を一冊に集約しました。

就職活動をはじめる前に読む本
人生を創造するために
浦上昌則, 三宅章介, 横山明子 著
四六判　190頁　定価1365円

世に数多ある就職ガイドブック等を読む前に読む本。じっくり腰を据えて考えておくべき有用な視点を「自己理解」「職業理解」「決定方法理解」の観点からわかりやすく提示。

大学基礎講座 改増版
充実した大学生活を送るために
藤田哲也 編著
A5判　232頁　定価1995円

既刊書『大学基礎講座』を大幅増補改訂し卒業までをサポート。3・4年生にも役立つように、ゼミで有用な知見として「レジュメ(発表資料)の作り方」「発表の心得」を増補。

教育学全般，学習指導，教育工学，家庭・社会教育

インストラクショナルデザインの原理
R.M.ガニェ, W.W.ウェイジャー, K.C.ゴラス, J.M.ケラー 著
鈴木克明, 岩崎 信 監訳
A5判 476頁 定価3990円

分析・設計・開発・実施・評価・改善のプロセスを経て，eラーニング時代の学習コンテンツや教材を効果的にデザインしていく人に。「教えること」を科学的にデザインする。

教材設計マニュアル
独学を支援するために
鈴木克明 著
A5判 208頁 定価2310円

教えることに携わっている人，また，これから携わろうとしている人に向けての教材作成入門書。教材のイメージ作りから改善までを一歩ずつ進められるように内容を構成。

15分で基礎学力
リズム・テンポ・キレのある楽しい授業
井上和信 著
A5判 110頁 定価1365円

福岡の原田小で実践され成果を上げた基礎学力養成のプログラムについて解説。通常の授業カリキュラムの時数の中にうまく組み込まれ基礎学力の伸長に成功している実践事例。

学校という場で人はどう生きているのか
浜田寿美男, 小沢牧子, 佐々木賢 編著
四六判 256頁 定価2310円

学校という場を「生活の場」としてとらえ直す視点を提起。現在，学校に要求されているのは「人と人がお互いの生活の内実を共有し，共生する場になること」と著者は説く。

いま，子どもの放課後はどうなっているのか
深谷昌志, 深谷和子, 髙旗正人 編
A5判 184頁 定価2625円

小学校高学年の放課後の過ごし方を探るため，日本子ども社会学会共同プロジェクトによる調査が行われた。子ども社会の現状と問題点について，多くの視点を提供する。

家庭・学校・社会で育む発達資産
新しい視点の生涯学習
立田慶裕, 岩槻知也 編著
A5判 200頁 定価2310円

人が健全に成長していくにあたり獲得が望ましい経験・資質を「発達資産」と定義。今日の「人を育てる資産」の諸相を明らかにし，生涯学習論を考える新たな視点を提供する。

初めての教育論文
現場教師が研究論文を書くための65のポイント
野田敏孝 著
A5判 136頁 定価1575円

現場教員の研究成果としての「教育論文」の書き方について，自ら投稿・採用経験を豊富に持つ著者が，体験を踏まえて陥りがちなミスや，見逃しやすいポイントについて詳述。

北大路ブックレット03
教育関係者が知っておきたいメディア対応
学校の「万が一」に備えて
阪根健二 著
A5判 64頁 定価735円

学校での事件・事故。対応を誤れば，過熱報道や不信感を招き，真の問題解決を遠ざけてしまう。教育もメディアも知り抜いた著者が具体的な対応策とスタンスを伝授する。

心理学－その他

創造的問題解決
なぜ問題が解決できないのか?
B.ミラー, J.ヴィハー, R.ファイアスティン 著
弓野憲一 監訳
A5判 144頁 定価1890円

優れたファシリテーターになるための, 創造性にまつわる基礎知識／拡散的思考／収束的思考／創造的問題解決の手順／創造的問題解決に役立つ各種の情報や知識を紹介する。

創造的リーダーシップ
ファシリテーションの極意をつかめ!
B.ミラー, J.ヴィハー, R.ファイアスティン 著
弓野憲一 監訳
A5判 120頁 定価1680円

自らアイディアや方法を提示するのではなく, セッションとプロセスを制御し他の人の問題解決や挑戦を助長していくためのヒントの数々。あらゆるグループの必読書。

クリティカル進化論
『OL進化論』で学ぶ思考の技法
道田泰司, 宮元博章 著
まんが 秋月りす
A5判 222頁 定価1470円

クリティカル思考は, 複雑化した現代社会に適応していく上で, 必要な思考法である。本書では, ユーモアあふれる人気4コマ漫画を題材に, 楽しみながら学ぶことができる。

不思議現象 なぜ信じるのか
心の科学入門
菊池 聡, 谷口高士, 宮元博章 編著
A5判 302頁 定価1995円

いま話題の不思議現象。自然科学(主に物理学など)で批判されても, なお人はなぜこのような現象に魅かれ, 信じたがるのか。人のこころの落とし穴を現代心理学が解明する。

自白が無実を証明する
袴田事件, その自白の心理学的供述分析
浜田寿美男 著
A5判上製 386頁 定価3780円

日弁連からの依頼により, 逮捕から40年を経た今なお無実を主張しつつ獄中にある袴田事件被告の供述を心理学的に分析・鑑定したほぼ全内容。一般読者に法の公正性を問う。

目撃証人への反対尋問
証言心理学からのアプローチ
B.L.カトラー 著
浅井千絵, 菅原郁夫 共訳
A5判 160頁 定価2310円

経験的技術だけでなく証言心理学の成果から, 科学的視点で目撃証人への尋問方法を手引き。証人の人格を認め目撃証言の誤りの可能性を客観的根拠に基づき示すことを奨励。

犯罪心理学
行動科学のアプローチ
C.R.バートル, A.M.バートル 著
羽生和紀 監訳
A5判 702頁 定価6825円

これまで日本の犯罪心理学の中心をなしてきた矯正心理学はもちろんのこと, 捜査心理, 社会心理, 精神医学などの知見をバランスよく詳細に配置。米国犯罪心理学の決定版。

犯罪者プロファイリング入門
行動科学と情報分析からの多様なアプローチ
渡邉和美, 高村 茂, 桐生正幸 編著
A5判 216頁 定価1995円

凶悪犯罪と戦うための捜査支援ツール, それが犯罪者プロファイリング。実際の犯罪捜査現場と学術的な研究とが融合して進展するその真の姿を, さまざまな視点から紹介する。

社会心理

単純接触効果研究の最前線
宮本聡介, 太田信夫 編著
A5判　208頁　定価3360円

繰り返し見たり聞いたりすることで, その対象への好意度が高まる。この現象は広告の世界では広く知られているが, 近年, 記憶研究からの新たな知見が明らかにされてきた。

人間関係のゲーミング・シミュレーション
共生への道を模索する
藤原武弘 編著
A5判　212頁　定価2730円

さまざまなゲーミング・シミュレーションの理論, 実施方法, 研究適用例を詳しく紹介。現実の他者や他集団との間で生じる葛藤から共生への道を模索するためのヒントが満載。

対人関係と適応の心理学
ストレス対処の理論と実践
谷口弘一, 福岡欣治 編著
A5判　200頁　定価2520円

対人関係の肯定的・否定的側面が, 個人の精神的健康や適応にいかに関わるのかを解説する。また, 対人関係に起因する問題解決に効果的なストレスマネジメントを紹介する。

社会的動機づけの心理学
他者を裁く心と道徳的感情
B.ワイナー 著
速水敏彦, 唐沢かおり 監訳
A5判　256頁　定価3150円

動機づけ研究の第一人者, ワイナーの最終到達理論を示した書。広範な道徳的感情を導入しつつ, 達成場面に限らない人間の幅広い心理現象や行動に原因帰属理論を適用する。

スポーツ社会心理学
エクササイズとスポーツへの社会心理学的アプローチ
M.ハガー, N.ハヅィザランティス 著
湯川進太郎, 泊 真児, 大石千歳 監訳
A5判　304頁　定価3465円

社会心理学の新たな応用・展開。実証的アプローチに質的方法も交えた豊富な研究事例を集め, 学問内外の枠を超え広くスポーツ関係者に参照されていくべき先駆的な書。

観光旅行の心理学
佐々木土師二 著
A5判　248頁　定価3360円

旅行者のみならず, 地域住民や観光事業者の心理と行動に迫る社会心理学の新たな取り組み。研究成果やデータを包括的に体系化。新領野を開拓する若き研究者のための手引き。

環境心理学−原理と実践(上)(下)
R.ギフォード 著
羽生和紀, 槙 究, 村松陸雄 監訳
(上) A5判　384頁　定価5040円
(下) A5判　450頁　定価5880円

欧米における環境心理学の教育プログラムにおいて専攻する学生, 主として大学院生が必ず読むべき基本書として指定され, 現在の環境心理学の領域を包括的にカバーした教科書。

シリーズ21世紀の社会心理学11
環境行動の社会心理学
環境に向き合う人間のこころと行動
高木 修 監修　広瀬幸雄 編集
B5判　166頁　定価2730円

個人や集団は多様な環境問題をどのように認識し, 行動に移すのか。認知・態度・行動の特徴やその規定因を解明するとともに, 市民や行政, 企業などの具体的な動きを紹介。

教科教育，視聴覚教育，生徒指導，教育相談

理科大好き!の子どもを育てる
心理学・脳科学者からの提言
無藤 隆 編著
A5判 184頁 定価2100円

子どもは本当に理科嫌いなのか？理数科教育の捉え方の枠組み，具体的授業を通しての学習効果，ICT使用の影響を検討し，科学的思考を育成する方策を構想。

8歳までに経験しておきたい科学
J.D.ハーレン，M.S.リプキン 著
深田昭三，隅田 学 監訳
A5判 328頁 定価3150円

身の回りにある科学概念に気づかせ，そのつながりを意識させる多くの事例を示し，感情豊かな関わりから子どもに意味のある学びの場を教室の内外に提供する。

理科の先生のための新しい評価方法入門
高次の学力を育てるパフォーマンス課題，その実例集
R.ドラン，F.チャン，P.タミル，C.レンハード 著
古屋光一 監訳
A5判 304頁 定価2940円

科学的な探求手法を習得させるために理科教育はどうあるべきか。構成主義学習理論を背景に，授業準備からルーブリック作成，評価フィードバックまでを体系化。実践例満載。

北大路ブックレット02
学校DEブックトーク
いつでも，どこでも，だれでもできる
笹倉 剛 編集
A5判 65頁 定価735円

従来，図書館員や専門家だけで実践されていたブックトークを，現場の教師が教室でもできるように，日本のトップレベルのブックトーカーがその魅力と技法をやさしく解説。

映像メディアのつくり方
情報発信者のための制作ワークブック
久保田賢一 編著
A5判 200頁 定価1995円

誰もが情報発信できる時代，伝えたい情報をどう設計すればよいか。ドキュメンタリー・ドラマ・CMのメディア特性を踏まえ，企画から撮影，編集までの制作プロセスを学ぶ。

はじめての教育相談室
高野弘幸 著
四六判 120頁 定価1680円

教育相談の中での典型的な質問を集めたQ&A形式の相談事例集。幼児から高校生までを4つの学齢に分け，各トピックを見開き2頁で解説。最後に要約をつけ，ポイント提示。

いじめや不登校から生徒を救え!!
実践"ロールレタリング"
岡本泰弘 著
A5判 160頁 定価1680円

自分と相手の両方の立場で手紙を書く。とにかく思ったことを書く。ただそれだけで子どもは自力で救われる。予防的教育相談活動としての自己内カウンセリングを平易に紹介。

子どもをキレさせない
おとなが逆ギレしない対処法
「キレ」の予防と危機介入の実践ガイド
A.フォーペル，E.ヘリック，P.シャープ 著 戸田有一 日本版修
A5判 150頁 定価1470円

子どもの「怒り」がもたらす事柄やそれらを見る視点はどうあるべきかを示唆し，「怒り」を制御する実用的な技法を詳述する。大人が子どもに向かい合う際のヒントを満載。

特別支援教育，幼児教育

特別支援児の心理学
理解と支援
梅谷忠勇, 生川善雄, 堅田明義 編著
A5判　212頁　定価2625円

LD, ADHD, 高機能自閉症等, 特別支援の必要な障害のある子どもの心理特性と指導・支援のエッセンスを俯瞰できるテキストとして編集。教員・保育士を目指す方に好適。

視覚障害児・者の理解と支援
芝田裕一 著
A5判　200頁　定価1995円

障害児・者を身近な人として心情的に理解するために。訓練・指導的側面、援助・介護的側面を総合した支援の在り方。介助者の養成から市民講座まで幅広く使用可能。

よく似た日本語とその手話表現 第1巻・第2巻
日本語の指導と手話の活用に思いをめぐらせて
脇中起余子 著
第1巻　A5判　376頁　定価2100円
第2巻　A5判　376頁　定価2100円

「雨がふりそうだ」と「雨がふるそうだ」。手話でどう表しますか？　意味の違いをどう説明しますか？　よく似た日本語の文例を詳しい解説と手話イラストとともに多数収録。

LD児の漢字学習とその支援
一人ひとりの力をのばす書字教材（CD-ROMつき）
小池敏英, 雲井未歓, 渡邉健治,
上野一彦 編著
B5判　102頁　定価4200円

発達アセスメント、評価に基づき、LD児の情報処理の偏りについての心理学的知見を総合、概説。現場実践家にLDへの理解をより深め、実際的に支援する具体的方法を提供。

軽度発達障害児のためのSST事例集
五十嵐一枝 著
B5判　168頁　定価2940円

注意欠陥多動性障害（ADHD），高機能自閉性障害，アスペルガー障害，学習障害（LD）などの軽度発達障害におけるソーシャル・スキル・トレーニングの実践事例集。

保育カウンセリングへの招待
冨田久枝, 杉原一昭 編著
A5判　216頁　定価1995円

保育という営みの特殊性を視野に入れた「保育カウンセリング」の姿を総合的に提示する。治療的・援助的，教育的・開発的など基本的なアプローチの実際をわかりやすく解説。

保育園は子どもの宇宙だ！
トイレが変われば保育も変わる
無藤 隆, 汐見稔幸 監修　岡本拡子 編集
A5判　204頁　定価1890円

子どもの成長発達や人間形成に重要な影響を及ぼす「環境」をどう構成するかというテーマを，トイレ改修を発端に，現場保育士・保育専門家・設計者が縦横無尽に語り尽くす。

ヨウチエン
日本の幼児教育，その多様性と変化
S.D.ハロウェイ 著
高橋 登, 南 雅彦, 砂上史子 訳
A5判　248頁　定価2940円

日本の幼児教育における文化的パターンを検証。特に文化と発達の関係に関心をもつ人々にとって、これまで自明視してきた日本の幼児教育を外の目から相対化する上で役立つ。

臨床心理，精神医学

マインドフルネス ストレス低減法
J.カバットジン 著 春木豊 訳
四六判 408頁 定価2310円

呼吸,正座瞑想,ボディースキャン,ヨーガなどを体系的に組み合わせた心理療法であるマインドフルネス認知療法。"禅思想"に通じるこのエクササイズを紹介。

マインドフルネス認知療法
うつを予防する新しいアプローチ
Z.V.シーガル, J.M.G.ウィリアムズ, J.D.ティーズデール 著
越川房子 監訳
A5判 328頁 定価3360円

薬物療法,認知行動療法では再発を防げなかった「うつ」に対する心理療法の新機軸。クライエントが「生じていること」を,観ることにより思考内容を変化させる技法とは。

ドラマセラピーの プロセス・技法・上演
演じることから現実へ
R.エムナー 著 尾上明代 訳
A5判 392頁 定価3990円

米国の数々の書評で絶賛された,ドラマセラピーの定番テキストを完全訳。心理療法の現場だけでなく,対人援助や教育などの場面に携わる広範な人々に指針を与える一冊。

新訂 P-Fスタディの理論と実際
秦一士 著
A5判 254頁 定価3780円

P-Fスタディのより的確な適用のための手がかりを臨床家・研究者に提供。新たな研究の紹介を厚く増補し,入門者にも読みやすいように,個々の研究内容の要点を紹介する。

実践家のための 認知行動療法テクニックガイド
行動変容と認知変容のためのキーポイント
坂野雄二 監修 鈴木伸一, 神村栄一 著
A5判 200頁 定価2625円

日本人を対象として認知行動療法の理論的・実践的研究を行ってきた著者が療法を行う際に必要とされるテクニックを具体的に解説した日本の実践家のための有用なガイドブック。

現代精神分析における 自己心理学
コフートの治療的遺産
P.モロン 著 上地雄一郎 訳
A5判 328頁 定価3780円

コフート提示の臨床例の詳細な検討を通じ,他者からの共感・承認・賞賛の欠如による自己の傷つきや脆弱化の問題の本質を明確にする。また,自己心理学の現代的意義を詳説。

カウンセリング／心理療法の 4つの源流と比較
W.ドライデン, J.ミットン 著
酒井汀 訳
A5判 270頁 定価2940円

心理療法とカウンセリングを初めて学ぶ人のための入門手引書。心理療法の4つの主要なモデルに焦点を置き,歴史的背景と考え方の道筋,目標についての明確な検討を行なう。

臨床心理学における 科学と疑似科学
S.O.リリエンフェルド, S.J.リン, J.M.ロー 編
厳島行雄, 横田正夫, 齋藤雅英 監訳
A5判 480頁 定価5040円

臨床現場などの実務場面で,あるいは出版やTV番組,広告の中で,研究に基づかないまま使用されている治療や心理技法を,実証主義的な科学的根拠に基づき区別する。

好評の新刊

知覚・認知の発達心理学入門
実験で探る乳児の認識世界
山口真美, 金沢 創 編集
A5判 176頁 定価2520円

乳児を対象とした知覚・認知発達と関連する最新知識を網羅。研究領域を押さえつつ実際の研究時に役立つ知識や現場の情報も収載。乳児を対象とした実験手法を学びたい人に。

記憶の生涯発達心理学
太田信夫, 多鹿秀継 編著
A5判 388頁 定価4410円

記憶の生涯発達をテーマにした本邦初の専門書。記憶研究の第一人者たちが各発達段階の特徴を念頭に短期記憶, 長期記憶など各記憶領域の研究動向を詳説, 今後を示唆する。

睡眠心理学
堀 忠雄 編著
A5判 364頁 定価3570円

睡眠に関する数多の知見を心理学の論理と用語を用いて体系的に記述。高度な専門知識を網羅的に整理づけることによって, この領域の確かなパースペクティブを与えてくれる。

顔立ちとパーソナリティ
相貌心理学からみた日本人
須賀哲夫 著
A5判 140頁 定価2310円

顔立ち(相貌)と人間のパーソナリティ(性格)に相関関係を見いだしたL.コルマンの相貌に関する心理学的な知見を, 日本人向けに調整・適用し, その有用性を実証する。

あなたは当事者ではない
〈当事者〉をめぐる質的心理学研究
宮内 洋, 今尾真弓 編著
A5判 216頁 定価2625円

当事者の同定が多様な声を抑圧する危険, 当事者／非当事者の単純化への異議, 研究者自身が帯びる当事者性など, 16人の研究者が様々なポジションから〈当事者性〉を問う。

視界良好
先天性全盲の私が生活している世界
河野泰弘 著
A5判 96頁 定価1260円

「世界を見るとは全身で感じ味わうこと」。多様な人が生きる人間社会では, 障害も個性の一つではないか。著者の「世界」を生き生きと, そしてちょっとユーモラスに描く。

北大路ブックレット04
これほどまでに不登校・ひきこもりを生み出す社会とは何なのか?
中原恵人, 伊藤哲司 著
A5判 64頁 定価735円

問題の本質は何か？　その「解決」とは何を指すのか？　「当事者の心の問題」「学校・家族の問題」に偏った論調に「社会」の視点を持ち込み, 新たな展望を切り開く。

細胞の文化、ヒトの社会
構造主義科学論で読み解く
池田清彦 著
四六判 214頁 定価1995円

進化・欲望・死・環境問題等をめぐるコミュニケーション・システムの共時性と拘束性。生物学から社会批評まで, システム／要素のダイナミズムをミクロ／マクロに鋭く解明。

北大路書房の図書ご案内

大学教授がマンガで描いた心理学の本！

『心の授業』シリーズ　三森 創 著　定価各1365円

マンガ『心の授業』ファースト
自分ってなんだろう
A5判　136頁

中・高校生や小学生にだって,心理学の知識は役に立つ。だがどうやってその知識を伝えるか？ 著者自らが思いを込めてマンガで描き下ろし,心のしくみの教材がここに完成。

マンガ『心の授業』セカンド
ホントの自分をとりもどせ
A5判　200頁

「心の授業」シリーズの第2弾。子どもたちが直面する心の危機に即して,心の「ホント」の姿を描く。心の安全教育とリスクコミュニケーション(危機の周知)のための一冊。

マンガ『心の授業』サード
自分づくりをはじめよう
A5判　204頁

「心の授業」シリーズの第3弾。誰もが心を奪われる「自分さがし」。その果てに待っているのは……。他者とやりとりすることの大切さを説き,「自分づくり」を提言する。

『心の授業』ガイドブック
自分づくりの心理学
A5判　144頁

「心の授業」シリーズ完結編。マンガ3作を題材に,心をより深く専門的に学ぶ。現代社会の「心の問題」を,知識を用いて認識し,知識を用いて打開していくために。

価格はすべて定価(税込)で表示しております。

北大路書房

〒603-8303 京都市北区紫野十二坊町12-8
電話●075-431-0361　　FAX●075-431-9393　　振替●01050-4-2083

③ 学年を追っての変化＝学校の楽しさを、中1の6月から中3の11月までの六時点の形で追いかけてみると、以下のようになる。

「とても」「わりと」楽しい割合　（前回と比較して）

中1の6月　71・4%
中1の11月　63・9%　（マイナス7・5%）
中2の6月　50・5%
中2の11月　45・9%　（マイナス4・6%）
中3の6月　52・0%
中3の11月　53・4　（1・4%）

学校の楽しさは中学に入学した直後がもっとも高く71・4%で、その後、楽しさが減少し、中2の6月になると50・5%、以下、中2の11月は最低の45・9%に低下する。その後、中3の6月になると、楽しさが回復して、52・0%となり、中3の11月は53・4%となる。

このように、全体としてみると、生徒たちは学校を楽しみにしている。しかし、中1の後半から中2の前半にかけての1年間に楽しさが2割ほど低下している。とくに中2の初めの時期が大事になるように思われる。

あらためて表3－3をみると、中1の6月から中3の11月まで、どの段階をとっても、「学校が楽しみな」中学生が5割前後を占める。そして、「学校がつまらない」と思っている生徒は1割前後である。そして、表3－4の結果でも、「友だちができない」や「先生と合わない」「学校が合わない」などと「とても」「わりと」不安を感じている生徒は1割程度にとどまっている。そして、「あまり」「全然」不安に思わない生徒は7割以上にのぼる。したがって、大づかみにすると、学校に不適応がちの生徒はそれほど多くないようにみえる。

そうしたなかで、「授業がわからない」は2割を超え、「少しそう思う」を含めると、「授業についていけない」と感じている生徒は5割にのぼるのが目をひく。しかも、6月の一回目調査から11月の二回目調査で、「勉強がわからない」割合が、22・7%から27・6%へ、4・9%ほど増加している。

さらに、「学校で感じている」ことを、表3－5に

●表3-3　学校へ通うのは楽しいか　　　　　　　　　　　　（単位は%）

	とても楽しい	わりと楽しい	楽しい 小計	少し楽しい	少しつまらない	わりとつまらない	とてもつまらない	つまらない 小計
全体・1回目	22.2	35.3	57.5	18.8	11.0	6.8	5.9	12.7
2回目	19.7	34.8	54.5	21.4	12.4	6.3	5.4	11.7
2回目－1回目			－3.0					－1.0
中1・1回目	32.5	38.9	71.4	12.7	6.0	8.3	1.6	9.9
2回目	26.6	37.3	63.9	19.1	9.1	3.5	4.4	7.9
2回目－1回目			－7.5					－2.0
中2・1回目	17.4	33.1	50.5	21.7	14.2	6.5	7.2	13.7
2回目	14.5	31.4	45.9	24.2	15.9	7.9	6.0	13.9
2回目－1回目			－4.6					0.2
中3・1回目	17.4	34.6	52.0	19.5	12.5	8.4	7.5	15.9
2回目	17.9	35.5	53.4	21.1	12.3	7.4	5.8	13.2
2回目－1回目			1.4					－2.7

掲げた。「居場所が見つからない」と感じている生徒は、「かなり」と「わりと」を含めて9・1％、「学級にいると疲れる」は16・6％である。学校で精神的に不安定な生徒は1割強という感じで、疲れや疎外感を「感じない」生徒は6割を超える。

3 授業の理解度

そこで、「勉強がわからない」割合を学年を追って調べてみると、表3-6のような数値が得られる。中1の一回目（6月）に「勉強がわからない」が13・0％にとどまるが、2回目（11月）に22・6％にほぼ倍増している。そして、中2の秋になると、「わからない」が29・2％と、3割に迫っている。これに、「少しわからない」を加えると、「授業の

● 表3-4 学校生活への不安 (単位は％)

		とても	わりと	小計	少し	あまり	全然
友だちができない	・1回目	2.2	2.8	5.0	6.8	31.8	56.5
	・2回目	1.9	3.1	5.0	15.6	28.4	51.0
学校が合わない	・1回目	5.0	4.5	9.5	14.4	38.0	38.1
	・2回目	4.8	5.5	10.3	17.3	40.1	32.4
先生と合わない	・1回目	6.3	5.8	12.1	14.3	40.1	33.6
	・2回目	7.4	6.4	13.8	16.1	44.0	26.1
集団が合わない	・1回目	5.6	6.6	12.2	11.7	38.0	38.1
	・2回目	6.0	6.3	12.3	14.9	40.4	32.4
勉強がわからない	・1回目	10.1	12.6	22.7	27.4	30.9	19.0
	・2回目	12.5	15.1	27.6	28.7	28.4	15.2

● 表3-5 学校で感じること（2回目） (単位は％)

	かなり	わりと	小計	少し	あまり	全然
居場所が見つからない	3.7	5.4	9.1	15.3	42.2	33.4
担任との関係がよくない	6.3	6.8	13.1	14.2	45.9	26.8
友だちが悪口をいう	7.7	8.6	16.3	25.3	39.6	18.8
学級にいると疲れる	6.0	10.6	16.6	26.3	38.2	18.9
役立たない授業が多い	9.9	12.2	22.1	26.5	37.5	13.9

●表3-6　勉強がわからない×6時点（学年・回数）　（単位は%）

	とても	わりと	小計	少し	あまり	全然
中1・1回目	3.8	9.2	13.0	25.2	35.3	26.5
・2回目	9.6	13.0	22.6	28.7	30.9	17.8
中2・1回目	10.7	12.5	23.2	28.1	31.4	17.3
・2回目	14.5	14.7	29.2	28.4	28.2	14.2
中3・1回目	15.5	15.9	31.4	28.7	26.2	13.6
・2回目	13.6	17.5	31.1	29.0	26.2	13.7

●表3-7　授業の退屈さ（1，2回目）　（単位は%）

	とても退屈	わりと退屈	退屈小計	少し退屈	あまり退屈でない	全然退屈でない	退屈でない小計
国語・1回目	8.5	13.4	21.9	20.4	34.4	23.3	57.7
・2回目	9.5	13.8	23.3	28.5	34.3	13.8	48.1
2回目－1回目			1.4				－9.7
数学・1回目	9.4	11.2	20.6	21.9	34.3	23.3	57.6
・2回目	10.6	13.6	24.2	28.1	32.5	15.2	47.7
2回目－1回目			3.6				－9.9
英語・1回目	9.5	12.6	22.1	25.5	31.5	20.9	52.4
・2回目	13.3	15.8	29.1	20.8	31.4	18.7	50.1
2回目－1回目			7.0				－2.3
理科	11.4	13.2	24.6	25.5	31.2	18.7	49.9
社会	12.9	11.2	24.1	20.9	29.5	25.5	55.0
体育	4.9	3.7	8.6	9.6	29.5	52.2	81.7
音楽	11.1	12.1	23.2	21.1	33.6	22.1	55.7

わからない」生徒は中1の秋には5割を超え、中3では6割にのぼる。そうした意味では、学校生活のなかで「勉強がわからない」悩みは大きな重みを持っているようにみえる。

授業がわからないと授業が退屈で苦痛であろう。そこで、退屈さの度合いをたしかめてみた。表3－7が示すように、大づかみにすると、「退屈」が2割、「少し退屈」が2割強、「退屈でない」が5割である。

しかし、一回目と二回目との比較をすると、国語や数学の場合、「退屈でない」割合が10％程度低下している。さらに、英語の場合、「退屈」が7.0％増加している。したがって、授業に集中している生徒が多いが、授業に関心を持てない生徒が2割程度いて、その割合が、学年を追って高まっていく印象を受ける。

4　授業の荒れに関連させて

それでは、授業に関心を持てない時、生徒たちはどうしているのか。表3－8は、授業が退屈な時に生徒が行ないそうな行動を生徒に示して、どの程度しているのかをたずねた結果を示している。「教室から出て行く」や「マンガを読む」は、教室内の逸脱的な行為で、こうした行為が続けば、教室は「荒れ」の状態になる。しかし、そうした行為をすると答えた生徒は2％程度にとどまる。

正直なところ、今回の調査に協力してくれた学校は、学校として優れた実践を展開しており、授業の荒れなどはみられないような印象を受ける。したがって、表3－8を中学全体に一般化することは

避けたい。しかし、そうした優良校でも、「寝る」生徒が2割、「おしゃべり」が3割を占める。

授業の荒れには「ざわつき」の段階と「荒れ」そして、「崩壊」の3段階があると考えられる。具体的には、「おしゃべり」や「居眠り」は「ざわつき」に属する。こうした状況は、「荒れ」といいにくいが、授業が成り立ちにくい状態であることはたしかであろう。しかし、授業中でも公然と「マンガを読む」は荒れの状態を意味している。項目からははずしたが、「授業中に紙をまるめて投げる」や「他の生徒の発言を大声で冷やかす」などが、「荒れ」的な行為となる。そして、「教室外に出る」は授業の「崩壊」状態であろう。

したがって、今回の調査に協力してくれた学校では、「荒れ」や「崩壊」は見受けられないが、それでも、「ざわつき」現象は起こっている。したがって、どの学校でも、気を許せば、「荒れ」を引き起こす下地が存在することを、このデータは示している。

しかし、「おしゃべり」は表3-9から明らかなように、中1の6月（一回目）で30・7％が「しゃべっている」が、中3の二回目（11月）ではしゃべる生徒は、24・8％にとどまる。

このように、おしゃべりは学年が上がると高まるというより、中3にな

● 表3-8 授業がつまらない時、すること（2回目） (単位は％)

	絶対する	多分する	する小計	するかも	多分しない	絶対しない	しない小計
教室から出て行く	0.9	0.4	1.3	1.8	7.0	89.9	96.9
マンガを読む	0.9	1.3	2.2	4.2	12.1	81.5	93.6
うけ狙いの行動をする	2.6	2.9	5.5	7.3	22.0	65.3	87.3
違う教科の勉強	1.9	7.0	8.9	11.6	21.4	58.1	79.5
手紙を書く	3.8	7.0	10.8	14.4	17.3	57.5	74.8
わからないように寝る	4.6	11.0	15.6	23.8	26.7	34.0	60.7
机にうつぶせで寝る	6.7	12.3	19.0	20.7	23.9	36.4	60.3
友だちとおしゃべり	14.1	20.4	34.5	33.3	17.9	14.2	32.1

ると、教室が静かになる傾向が得られている。しかし、中1・中2では6月より11月のほうがおしゃべりの割合が高い。授業に退屈した生徒がざわつき、私語の始まる段階なのであろう。そこで、表3-8の項目の中から、「授業中に寝る」を例にとって、変化をたしかめてみた。

表3-10から明らかなように、「授業中の居眠り」は中学1年6月の10・6％から、11月の13・4％、中2の6月21・0％を経て、中2の11月27・5％のように時点を追って増加している。したがって、学年が上がるにつれて、「おしゃべりは多くはないが、居眠りは増える」が、授業のざわつきの形なのかもしれない。しかし、中学3年になると、高校受験が迫るせいか、それとも、生徒が成熟した結果なのか、おしゃべりが減り、授業中に寝る生徒も減少する。そして、荒れ的な行為

●表3-9　友だちとおしゃべり×6時点 (単位は％)

	絶対する	多分する	する小計	するかも	多分しない	絶対しない
中1・1回目	14.6	16.1	30.7	31.4	20.6	17.2
・2回目	18.0	19.4	37.4	30.5	18.2	13.8
中2・1回目	12.7	16.7	29.4	34.0	21.9	14.8
・2回目	16.7	24.9	41.6	32.5	13.4	12.5
中3・1回目	8.8	18.5	27.3	32.8	22.3	17.6
2回目	7.8	17.0	24.8	37.0	21.9	16.3

●表3-10　授業中にうつぶせになり寝る×6時点 (単位は％)

	絶対する	多分する	する小計	するかも	多分しない	絶対しない
中1・1回目	4.1	6.5	10.6	14.2	20.0	55.3
・2回目	5.3	8.1	13.4	18.9	25.1	42.6
中2・1回目	7.6	13.4	21.0	25.8	18.6	34.6
・2回目	9.4	18.1	27.5	23.2	23.1	26.2
中3・1回目	6.8	12.2	19.0	22.6	22.2	36.4
2回目	5.6	11.0	16.6	20.1	23.4	40.0

をする生徒はやや低くなる傾向がみられる。

5 学校内の人間関係

　学校は勉強する場であることはたしかだが、それと同時に、人とふれ合う場でもある。そこで、学校内の人間関係がうまくいっているかをたずねることにした。

　表3－11に示したように、1回目の場合、学級では76・7％、部活では77・1％と、うまくいっている」割合は、4分の3にのぼる。そして、友だちと「うまくいっていない」生徒は1割を下回る。友だちと不仲がほぼ1割という数値に、そうした生徒の気持ちが気になる。

　しかし、多くの生徒は学校生活を楽しんでいるようにみえる。

　しかし、教師との関係については2回目の場合、「うまくいっている」生徒が50・2％とほぼ半数にとどまり、「うまくいっていない」が18・8％と、全体の2割にのぼる。1回目の12・6％と比べ、「うまくいっていない」が6・2％増加している。したがって、教師との関係は学期が進むにつれて、うまくいかない生徒が増すように思われる。

　なお、人間関係について、もう少し別の角度からたずねた結果が表3－12である。11月の調査段階で、「友だちから仲間はずれにされた」経験が「ない」が83・0％、「先生に反抗したことはない」は75・0％である。もちろん、「先生に

●表3-11　学校内の人間関係（「うまくいっている」） （単位は％）

		とても	わりと	小計	少し	あまり	全然	小計
学級の友だち	1回目	30.9	45.8	76.7	16.7	5.4	1.1	6.5
	2回目	27.4	46.7	74.1	18.1	6.2	1.7	7.9
部活動の友だち	1回目	37.3	39.8	77.1	15.3	5.6	2.0	7.6
	2回目	34.7	40.4	75.1	16.1	6.2	2.6	8.8
先生と	1回目	15.6	43.4	59.0	28.4	9.3	3.3	12.6
	2回目	11.4	38.8	50.2	30.9	13.3	5.5	18.8

反抗する」や「友から仲間はずれになる」生徒が2割前後にのぼるが、全体としてみると、人間関係のトラブルはあまり多くはない。

そして、人間関係の変化を学年を追う形でたしかめたのが、表3-13である。表が示すように、教師との関係が悪化するのは、中1の後半（17・5％）から中2の後半（23・7％）にかけてで、中学生の場合、中3になると、13・1％のように教師との関係はやや改善される。いずれにせよ、中1後半からの一年間が扱いのむずかしい時期のようにみえる。

すでにふれたように、全体としてみると、生徒たちは学校生活を楽しんでいる。そうしたなかで、教師との関係はスムースでない場合がみられるが、多くの生徒は、友だち関係は恵まれていると答えている。

表3-14の結果でも、「一緒に遊べる友だちがいない」が2・6％（二回目）や「一生つき合える友だちがいない」も6・6％にとどまる。そして、「相談できる友だち」や「何でも話せる友だち」が「二〜三人いる」と答えている生徒もほぼ4割を占める。

●表3-12　今学年になって経験したこと（2回目）　　　　（単位は％）

	0回	1回	2回	3回	4回以上
友だちに悩みの相談	40.6	11.5	12.2	11.3	24.4
友だちとケンカ	46.6	18.2	15.0	9.6	10.7
先生に反抗	75.0	8.6	5.6	3.2	7.6
友だちから仲間はずれ	83.0	8.6	3.6	1.5	3.2

●表3-13　学校内の人間関係×学年（「うまくいかない」割合）　　　（単位は％）

	中1		中2		中3	
	6月	11月	6月	11月	6月	11月
先生との関係	8.2	17.5	16.1	23.7	13.1	15.1
学級の友だち	5.5	8.0	5.5	8.4	8.5	7.3
部活の友だち	6.4	8.8	8.3	9.2	8.4	9.5

しかし、教師との関係は円滑とはいいにくいようで、表3－15に示したように、「すぐに怒る先生が二人以上いる」が55・1％、「えこひいきをする」が50・4％と、生徒からすると、気持ちよく授業をうけにくい教師が半数を超える。また、「尊敬できる先生が一人もいない」は35・6％、「自分を信頼してくれる先生は一人もいない」も49・1％と、半数に迫っている。「信頼できる先生が一人もいない」は28・9％で、「一人しかいない」も24・1％である。したがって、「尊敬できる先生」が「二人以上いる」は46・9％と、半数以下にとどまる。

中学生は多感な時期にあり、教師として、扱いのむずかしい年頃の生徒たちであろう。筆者の中学生時代を思い出して

● 表3-14　友だちがいるか　　　　　　　　　　　　　　　　　　　　　　（単位は％）

		いない	1人	小計	2〜3人	4〜5人	6人以上	4人以上小計
一緒に遊べる	・1回目	2.8	2.0	4.8	16.9	20.0	58.3	78.3
友だち	・2回目	2.6	1.5	4.1	17.0	22.1	56.7	78.8
一生つき合える	・1回目	6.1	8.7	14.8	31.2	18.4	35.5	53.9
友だち	・2回目	6.6	5.9	12.5	29.8	19.8	37.9	57.7
相談できる	・1回目	14.6	12.9	27.5	41.6	13.6	17.3	30.9
友だち	・2回目	12.3	10.8	23.1	42.9	16.0	18.1	34.1
何でも話せる	・1回目	13.3	17.3	30.6	34.6	14.0	20.8	34.8
友だち	・2回目	13.5	14.9	28.4	37.8	15.1	18.8	33.9

● 表3-15　先生がいるか　　　　　　　　　　　　　　　　　　　　　　（単位は％）

	いない	1人	2〜3人	4〜5人	6人以上	2人以上小計
信頼できる先生	28.9	24.1	35.8	6.6	4.5	46.9
尊敬できる先生	35.6	27.3	28.9	5.6	2.7	37.2
信頼してくれる先生	49.1	18.8	24.6	5.0	2.5	32.1
すぐに怒る先生	20.5	24.4	34.2	12.4	8.5	55.1
えこひいきする先生	27.5	22.4	31.2	10.6	8.3	50.1
やる気のない先生	48.3	31.5	13.8	3.0	3.4	20.2

《愛読者カード》

| 書　名 | |

購入日　　年　　月　　日

おところ　（〒　　－　　　）

（Tel　　－　　－　　　）

お名前（フリガナ）

男・女　　歳

あなたのご職業は？　○印をおつけ下さい

(ア)会社員　(イ)公務員　(ウ)教員　(エ)主婦　(オ)学生　(エ)研究者　(キ)その他

お買い上げ書店名　都道府県名（　　　　　）

書店

本書をお知りになったのは？　○印をおつけ下さい

(ア)新聞・雑誌名（　　　　　）　(イ)書店　(ウ)人から聞いて
(エ)献本されて　(オ)図書目録　(カ)DM　(キ)当社HP　(ク)インターネット
(ケ)これから出る本　(コ)書店から紹介　(サ)他の本を読んで　(シ)その他

本書をご購入いただいた理由は？　○印をおつけ下さい

(ア)教材　(イ)研究用　(ウ)テーマに関心　(エ)著者に関心
(オ)タイトルが良かった　(カ)装丁が良かった　(キ)書評を見て
(ク)広告を見て　(ケ)その他

本書についてのご意見（表面もご利用下さい）

このカードは今後の出版の参考にさせていただきます。ご記入いただいたご意見は無記名で新聞・ホームページ上で掲載させていただく場合がございます。
お送りいただいた方には当社の出版案内をお送りいたします。

※ご記入いただいた個人情報は、当社が取り扱う商品のご案内、サービス等のご案内および社内資料の作成にのみ利用させていただきます。

郵便はがき

| 6 | 0 | 3 | 8 | 7 | 8 | 9 |

料金受取人払郵便

京都北支店承認
4143

差出有効期間
平成22年11月
30日まで

切手は不要です。
このままポストへ
お入れ下さい。

028
京都市北区紫野
十二坊町十二―八

北大路書房 編集部 行

―――

（今後出版してほしい本などのご意見がありましたら、ご記入下さい。）

も、学級の友だちとはしゃぐのが楽しく、先生の気持ちを考えるゆとりなどはなかった。そうしたことを考えると、生徒サイドにも問題がある可能性も考えられる。それだけに、教師の対応に問題があると一方的に結論づけることは避けたい。しかし、生徒たちが教師に不満を持っていることは心にとめておく態度が必要であろう。

そして、表3-16の結果でも、中学校にいると、「友だちとのつきあい方」や「集団での行動の仕方」などは、身につくと考えている生徒が7割に迫っている。しかし、表3-17の結果によると、学校の効用についての評価は、中1の初めがもっとも高く、中3に進むにつれて、評価が低下している。学校にいれば、「集団での行動が身につく」を例にすると、中1の6月は43・6％が「とても身につく」と思っているが、中3の11月では、「そう思う」は30・4％と、13・2％ほど低下している。学校に籍を置いていると、それほど効果は期待できないと思うよ

●表3-16　中学校で身につくか（2回目） (単位は%)

	とても	わりと	小計	少し	あまり	全然
友だちとのつきあい方	34.8	36.2	71.0	20.1	6.4	2.6
集団での行動の仕方	32.4	37.5	69.9	18.0	6.7	5.4
一般的な常識	29.5	38.3	67.8	22.5	7.0	2.7
挨拶などの礼儀	32.7	33.3	66.0	21.8	9.2	3.0
受験の学力	17.6	33.2	50.8	31.9	12.9	4.5

●表3-17　中学校で身につくか×学年（「とても身につく」と思う割合）

(単位は%)

	中1		中2		中3		中3・2回目 −中1・1回目
	1回目	2回目	1回目	2回目	1回目	2回目	
友だちとのつきあい方	38.5	34.8	36.3	31.2	36.8	34.3	−4.2
集団での行動の仕方	43.6	37.8	33.6	29.0	32.7	30.4	−13.2
一般的な常識	41.3	35.9	31.5	25.5	30.2	27.9	−13.4
挨拶などの礼儀	54.6	43.1	37.0	26.6	31.8	28.3	−26.3
受験の学力	23.4	21.8	15.4	16.2	15.6	14.7	−8.7

うになるのであろうか。

2節 楽しさの時系列的な変化

1 「楽しさ」の類型化

これまでふれてきたように、今回の調査では、同じ生徒に6月と11月とにアンケート調査を実施して、その変化を跡づけることを試みた。

6月といえば、新学年になって、二か月が過ぎ、学級が一応の落ち着きを見せ始める時期にあたる。そして、11月は、夏休みをはさんで、二学期が始まり、学級が安定した時期である。

これまでも部分的に、6月と11月との半年間がどういう意味を持つのか、という変化を紹介してきた。あらためて概観してみると、表3-18に示したように、6月と比べ、「友だちが増えた」が6割を超え、「勉強するようになった」も5割にのぼる。したがって、「友だちが増えた」「勉強するようになった」生徒が、半年の間に、生徒なりの変化がみられるように思われる。

しかし、「変わらない」生徒も多くの項目で3、4割を占める。したがって、半年の間に変化する生徒もあれば、変わらない生徒もいるのであろう。

表3-19は「学校の楽しさ」についての、6月と11月の結果を示しているが、

● 表3-18　6月と比べ、変わったか　　　　　　　　　　　　　　　　（単位は%）

	とても変わった	わりと変わった	変わった小計	変わらない	あまり変わらない	全然変わらない
友だちが増えた	22.9	40.3	63.2	31.1	2.3	3.2
勉強するようになった	12.5	37.0	49.5	37.4	7.1	6.1
疲れやすくなった	15.4	29.0	44.4	36.1	9.6	9.9
先生に不信感を持った	6.8	12.6	19.4	44.9	19.6	16.1
授業をまじめに受ける	3.0	14.3	17.3	47.0	19.6	16.1

「学校が楽しい」とした生徒は6月の57・5％から11月の54・5％まで、3・0％ほど減っているが、全体としてみると大きな変化は認められない。

これらは全体としての傾向だが、今回の調査では、すでにふれたように、生徒たちにナンバーを記載する形で、個々の生徒のデータが取れる設計にしていた。そこで、個々の生徒が、半年間にどう変化したかをたしかめることにした。

そこで、表3−19の項目を以下のように類型化してみた。

「とても」楽しい ─┐
「わりと」楽しい ─┼─「楽しい」（1）
「少し」楽しい ─┤
「少し」つまらない ┴─「普通」（2）
「わりと」つまらない ┐
「とても」つまらない ┴─「つまらない」（3）

この一回目の反応を手がかりとして、生徒を、1（楽しい）、2（普通）、3（つまらない）と三つにカテゴリー化してみた。そして、二回目も1、2、3とまとめる。この一回目と二回目とを組み合わせると、九つのカテゴリーができる。カテゴリーそれぞれが占める割合をまとめると、表3−20の通りとなる。

このように、6月と11月の学校の楽しさを比較して、該当する

●表3-19　学校の楽しさ　　（単位は％）

	1回目	2回目
とても楽しい	22.2	19.7
わりと楽しい	35.3	34.8
楽しい・小計	57.5	54.5
少し楽しい	18.8	21.4
少しつまらない	11.0	12.4
普通・小計	29.8	33.8
わりとつまらない	6.8	6.3
とてもつまらない	5.9	5.4
つまらない・小計	12.7	11.7

サンプル数を勘案しながら、五つのカテゴリーを作成した（表3-20）。

① 「ずっと楽しい」＝6月も「楽しく」、11月も「楽しく」（35・5％）
② 「楽しくなった」＝6月は「普通」「つまらない」で、11月は「楽しい」。または、6月は「つまらない」が11月は「普通」になった（6・7％）

（「普通」は「少し楽しい」と「少しつまらない」（「つまらない」は「わりと」「とても」を加算した割合

③ 「変わらない」＝6月、11月とも「普通」（13・8％）
④ 「つまらなくなった」＝6月は「楽しい」で、11月は「普通」「つまらない」に変化。または、6月は「普通」で、11月は「つまらない」（14・7％）
⑤ 「ずっとつまらない」＝6月、11月とも「つまらない」（5・2％）

2　学校がつまらない背景

6月から11月への半年を経て、「ずっと楽しかった」生徒もいれば、「ずっとつまらない」生徒もいる。そこで、「学校がずっと楽しみ」なのが、どういう生徒で、「つまらない」あるいは「つまらなくなった」のはどん

●表3-20　学校の楽しさの変化の類型化

1-1	35.5	①「ずっと楽しい」（35.5％）
2-1	1.7	
3-1	1.2	②「楽しくなった」（6.7％）
3-2	3.8	
2-2	13.8	③「変わらない」（13.8％）
1-2	10.4	
1-3	1.3	④「つまらなくなった」（14.7％）
2-3	3.0	
3-3	5.2	⑤「ずっとつまらない」（5.2％）

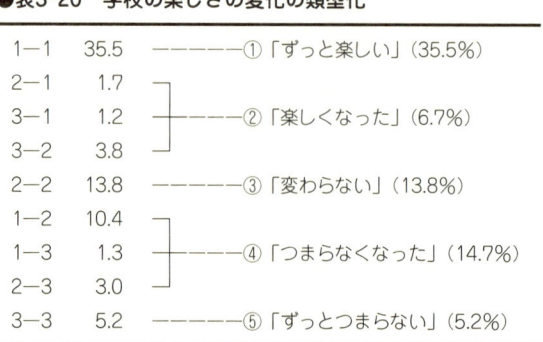

表3-19の「楽しい＝1」「普通＝2」「つまらない＝3」

な生徒なのか。属性の分析を行なうことにしたい。

表3－21は、「毎日の楽しさ」と「楽しさの変化」との関連を示している。当然のことながら、「学校がずっと楽しい」（カテゴリー①）生徒の73・6％は、「毎日が楽しい」と答えている。それに対し、「学校がずっとつまらない」（カテゴリー⑤）生徒のなかで、「毎日がとても楽しい」はわずかに8・1％である。

こうした結果は、学校が楽しければ、毎日が楽しい。学校がつまらなければ楽しくないことを意味している。それだけ、学校の楽しさが生徒の中で大きな意味を持つことを示している。

それでは、学校が「楽しくなる」あるいは「つまらなくなる」はどういう条件に支えられているのか。表3－22は、今の学年になってからの体験と楽しさとの関連を示している。そして、「学校がずっと楽しい（カテゴリー①）」生徒の75・4％は「先生からほめられた」体験があると答えている。それに対し、「ずっとつまらない（カテゴリー⑤）」生徒のなかで、「先生からほめられた」者は45・5％にとどまる。

さらに、表3－23によれば、「学校がずっとつまらない」と思っている生徒は、「勉強がわからない」が72・6％にのぼる。ちなみに、「学校が楽しい」生徒に比べ、「勉強がわからない」生徒のなかで、「学校がずっと楽しい」割合49・0％にとどまる。また、「先生から問題の子と思われている」は「学校がずっとつまらない」生徒のなかで53・7％である。なお、「ずっと楽しい」生徒では22・0％である。さ

●表3-21　毎日の楽しさ（2回目）×楽しくなったか

（単位は％）

	とても楽しい	わりと楽しい	楽しい小計	少し楽しい	少しつまらない	わりとつまらない	とてもつまらない
ずっと楽しい	29.5	44.1	73.6	21.9	3.3	0.9	0.2
楽しくなった	10.2	24.4	34.6	39.3	17.8	5.3	3.0
変わらない	2.1	9.1	11.2	45.1	30.8	10.4	2.4
つまらなくなった	5.4	14.2	19.6	36.8	21.7	12.0	10.0
ずっとつまらない	2.4	5.7	8.1	6.5	16.3	33.3	35.8

らに、「集団生活に合わない」という感じは、「ずっとつまらない」群68・5%と「ずっと楽しい」群11・1%と両群の間に57・4%もの開きがみられる。さらに「学校が合わない」も68・9%と8・4%、「友だちができない」も37・1%と6・0%と、大きな差がみられる。

したがって、「学校が合わなく、つまらない」と感じている生徒の場合、勉強がわからず、先生との仲がうまくいかず、頼れる友だちがいないなどの条件が重なっていることがわかる。

このようにみてくると、学校内での楽しさが、学校生活のさまざまな要因によって支えられていることがわかるが、そのなかでも、授業がわかるかどうかが重要と思われる。

表3-24によれば、学校生活が「ずっと楽しい」生徒が数学の授業が「退屈」な割合は41・2%だが、学校が「ずっとつまらない」生徒の数学の退屈さは70・3%にのぼる。英語についても、学校がつまら

●表3-22 今の学年になってから×楽しくなったか（「した」割合）

(単位は%)

	ずっと楽しい	楽しくなった	変わらない	つまらなくなった	ずっとつまらない
先生からほめられた	75.4	62.8	62.3	59.4	45.5
友だちに悩みを相談した	65.9	64.1	50.9	53.5	43.3

●表3-23 学校での気持ち×楽しくなったか
　　　　　（「とても」「わりと」「少し」思う割合）

(単位は%)

	ずっと楽しい	楽しくなった	変わらない	つまらない	ずっとつまらない
勉強がわからない	49.0	61.3	61.2	61.1	72.6
先生から問題の子と思われている	22.0	29.9	30.5	34.8	53.7
集団生活に合わない	11.1	29.9	36.3	39.0	68.5
学校が合わない	8.4	23.1	27.4	32.2	68.9
友だちができない	6.0	15.2	20.4	16.3	37.1

ない生徒の73・9％が授業を退屈と感じている。

表3−25は、勉強が「ずっとわかっている」から、「わかるようになった」「わからなくなった」「ずっとわからない」に分けて、学校の楽しさとの関連をたしかめた結果を示している。

「ずっと勉強がわかる」生徒の場合、学校が「ずっと楽しい」割合が50・2％と半数を超える。しかし、「ずっと勉強がわからない」と、学校の楽しさは22・8％にとどまる。学校の中心を占めるのは授業であろうから、授業がわからなくては学校がつまらないのも仕方がないように思える。

3 友だちや先生との関係

これまでふれてきたように、学校内の人間関係は学校生活の楽しさと密接に関連していた。表3−26に示したように、学校が「ずっと楽しい」生徒の92・0％が、友だちと「うまくいっている」と答えている。それに対し、学校が「ずっと楽しくない」生徒のなかで、友だち

●表3−24　授業の退屈さ×楽しくなったか
　　　　　（「とても」「わりと」「少し」退屈の割合）

(単位は％)

	ずっと楽しい	楽しくなった	変わらない	つまらない	ずっとつまらない
国語	43.2	53.1	60.1	54.0	68.6
数学	41.2	56.8	54.8	54.4	70.3
英語	45.6	57.8	63.8	58.8	73.9

●表3−25　勉強がわからない×楽しくなったか　(単位は％)

	ずっと楽しい	楽しくなった	楽しくなくなった	ずっとつまらない
ずっと勉強がわかる	50.2	10.3	12.8	26.8
わかるようになった	34.9	12.4	14.0	38.8
わからなくなった	39.3	11.1	20.5	29.1
ずっとわからない	22.8	13.4	14.7	49.2

とうまくいっている割合は42・8％にとどまる。

同じように、教師との関係についても、教師とうまくいっている生徒は学校が楽しいし、学校が楽しくない生徒が教師とうまくいっている割合は20・1％にとどまる。

学校生活の中で、友だち関係の持つ意味が大きいことを示すデータだが、表3－27によると、「友だちがいる」かどうかの設問ではそれほど大きな差は認められない。「友だちが一人もいなくて孤立している」状況の生徒はそれほど多くないのかもしれない。

しかし、表3－28は、学校生活にとって友だちの存在が大きいことを示している。「友だち関係がずっと円滑な生徒の場合、「学校がずっと楽しい」割合は57・3％で、「楽しくなった」を含めると、67・7％が「学校が楽しい」という。そして、「このところ、友だち関係が円滑になった」場合でも、「学校の楽しさは50・5％と半数を超える。しかし、「友だちとうまくいかなくなった」場合、学校が楽しい割合は26・4％にとどまる。さらに、「友だちとずっと不仲」だった生徒が「学校が楽しい」

●表3-26　人間関係×楽しくなったか
　　　　（「とても」「わりと」うまくいっている割合）

（単位は％）

	ずっと楽しい	楽しくなった	変わらない	楽しくなくなった	ずっと楽しくない
学級の友だちとの関係	92.0 ＞	73.4 ＞	65.8 ＞	62.5 ＞	42.8
先生との関係	68.3 ＞	49.9 ＞	38.6 ＞	34.2 ＞	20.1

●表3-27　どんな友だちがいるか×楽しくなったか（「いる」割合）

（単位は％）

	ずっと楽しい	楽しくなった	変わらない	楽しくなくなった	ずっと楽しくない
休み時間に遊べる友だち	99.3	98.0	97.6	95.1	87.9
卒業後もつき合いたい友だち	98.1	93.4	91.5	90.3	78.2
相談にのってくれる友だち	96.5	83.1	83.2	83.1	71.8
何でも話せる友だち	94.4	83.5	77.3	82.6	70.2

割合は16・9％で、「学校がずっとつまらない」が75・1％にのぼる。

こうしたデータは、学校の楽しさが友だち関係に支えられていることを示している。友だちとうまくいっていないのでは、学校生活がつまらないものとなる。

表3−29は、表3−28を、縦横を逆にして集計した結果だが、学校生活が「ずっと楽しい」生徒の場合、92・5％が「友だちと円滑」だという。それに対し、学校が「つまらない」生徒の場合、友だちと「うまくいっている」のは51・5％で、「うまくいっていない」は48・5％と半数に迫っている。

こうみてくると、「学校生活の楽しさ＝何でも話せる友だちがいる」ような図式が成り立つように思われる。それでは、教師は学校の楽しさにどのような役割を果たすのであろうか。

表3−30によれば、学校が「ずっと楽しい」群のなかで、「信頼できる先生がいる」が85・4％で、「ずっと楽しくない」群で「信頼できる先生がいる」割合

●表3-28　友だち関係×学校の楽しさ　　　　　　　　　　（単位は％）

	ずっと楽しい	楽しくなった	楽しい小計	楽しくなくなった	ずっとつまらない
ずっと円滑	57.3	10.4	67.7	13.1	19.2
円滑になった	26.1	24.4	50.5	9.4	40.0
うまくいかなくなった	20.8	5.6	26.4	29.4	44.2
ずっと不仲	7.3	9.6	16.9	8.0	75.1

●表3-29　学校の楽しさ×友だち関係　　　　　　　　　　（単位は％）

	ずっと円滑	円滑になった	円滑小計	不仲になった	ずっと不仲
ずっと楽しい	86.9	5.6	92.5	5.7	1.8
楽しくなった	63.0	20.9	83.9	6.2	9.9
つまらなくなった	56.6	6.1	62.7	24.5	12.8
ずっとつまらない	39.8	11.7	51.5	16.6	31.9

は78・7％である。

「尊敬できる先生がいる」割合も、「学校がずっと楽しい」群では75・2％で、「ずっと楽しくない」群では40・2％となる。「自分を信頼してくれる先生がいる」についても、65・9％から23・3％のような開きが認められる。

したがって、信頼できる先生がいて、教師に信頼されるような環境のほうが、学校が楽しいのはたしかであろう。換言するなら、友だちほどでないにしても、教師との関係がうまくいっていないと、学校の居心地がよくなくなるように思われる。

もちろん、教師といっても、担任との関係が重要であろう。そこで、担任との関係と学校生活の楽しさとの関連を調べると、表3－31の通りとなる。

学校生活が「ずっと楽しい」の群のなかで、担任との関係が「ずっと円滑」な割合は57・6％である。そして、「楽しくなった」「つまらなくなった」の順で、円滑の数値が下がり、「ずっとつまらない」生徒の場合、担任とうまくいっているのは21・8％となる。

念のために、表3－31の結果を逆にして、担任と「ずっと円滑」を100％とした場合、学校が「ずっと楽しい」割合は61・0％となる。しかし、担任とずっと不仲だと、楽しい割合は20・0％となり、「ずっとつまらない」が54・9％にのぼる（表3－32）。

したがって、担任とうまくいっていると学校が楽しく、うまくいっていないと学校生活がつまらなくなる。そうした意味では、担任も生徒の学校での居心地に大きく関

●表3–30　先生がいるか×楽しくなったか（「いる」割合）　　　（単位は％）

	ずっと楽しい	楽しくなった	変わらない	楽しくなくなった	ずっと楽しくない
信頼できる先生	85.4	84.9	82.1	85.1	78.7
生徒の意見を尊重する先生	80.9	69.8	57.7	62.8	48.8
尊敬できる先生	75.2	62.8	53.5	59.7	40.2
自分を信頼してくれる先生	65.9	47.7	38.0	41.1	23.3

●表3-31　学校の楽しさ×担任との関係　（単位は%）

	ずっと円滑	円滑になった	不仲になった	ずっと不仲
ずっと楽しい	57.6	10.9	17.7	13.8
楽しくなった	39.5	20.0	11.4	29.1
つまらなくなった	34.1	4.3	30.6	31.0
ずっとつまらない	21.8	9.3	16.6	52.3

●表3-32　担任との関係×学校の楽しさ　（単位は%）

	ずっと楽しい	楽しくなった	楽しくなくなった	ずっとつまらない
ずっと円滑	61.0	10.4	11.9	16.7
円滑になった	45.3	20.7	5.9	28.1
うまくなくなった	41.6	6.6	23.5	28.3
ずっと不仲	20.0	10.4	14.7	54.9

●表3-33　学級のふんいき×楽しくなったか
（「とても」「わりと」そうの割合）　（単位は%）

	ずっと楽しい	楽しくなった	変わらない	楽しくなくなった	ずっと楽しくない
楽しい	90.9	72.8	52.4	55.2	30.7
のりがよい	79.7	61.9	47.1	55.0	42.3
先生と仲がよい	81.2	47.2	34.6	38.5	22.5
まとまっている	56.7	45.0	28.2	33.5	24.2

係するように思われる。

このようにみてくると、学校生活の居心地は、何でも話せる友だちがいて、担任からも信頼されている状況だと楽しいが、友だちから孤立し、担任との関係がうまくいっていないと楽しさに欠けるというのが結論のように思われる。

考え方によっては、平凡な結論だが、友だちと担任がいる場は学級であろう。そこで、学級の居心地と学校の楽しさとの関連をたしかめると、表3－33の通りとなる。

「生徒ののりがよく」「先生との仲がよく」「学級がまとまっていて」「楽しい」学級なら、学校生活は楽しい。しかし、「のりの悪い生徒が多く」「先生との関係も冷たく」「学級がバラバラで」「つまらない学級」では学校が楽しくないというのである。

1、2章で小学生を対象に学校の楽しさを分析した時、学校差や学級差が問題になった。中学生についても、学校の楽しさを分析していくうちに、学級の居心地が重要になり始めた。そこで、学校差や学級差について、次章で検討することにしたい。

4章 中学校の学校差や学級差をめぐって

1節 学校差を深める

1 各校の概略

これまでふれてきた調査は公立の4中学を対象として実施された。4校の概要は、表4—1の通りである。

こうした概要にもう少し各校についての補足を加えておこう。

A中＝都下下町の中小企業の多い地域を校区としている。かつて盗みや暴走などの生徒非行が多かった土地だが、このところ、沈静化していた。しかし、再び非行が増える気配がみられる。そのため、学校では生徒の健全育

成に全力を注ごうとしている。なお、A中は、埼玉県に接した地域を校区にしているので、在籍生徒の4割は他県からの転入生である。なお、小学校調査に協力してくれたE校とI校はA中と同じ区内にある。

B中＝都心から一時間強。海に面した新興開発地にある学校。湘南という名から連想される通りのモダンなふんいきを校区としている。教育熱心な家庭が多いが、有名な私立学校へ通える地域なので、私立校へ在籍している生徒は3割程度にのぼる。それだけに、私立に負けないように、B中は魅力ある学校作りに努めている。小学校調査に協力してくれたB校とC校はB中と同じ市内にある。

C中＝東京に隣接する県の中心地にある学校だが、C中は副都心として開発の進む中心の駅からバスで四十分ほどの郊外にある。純粋の農村部を昭和の終わりに大規模開発した地域で、親の大半は大都市や都心に勤めるサラリーマン。母親もパート勤めなどに出ている。地域としてまだ落ち着いていない感じで、親たちもまとまりを欠く。小学校調査に協力してくれたG校はC中と同じ市内にある。

D中＝関東北部の純農村地域の学校。都心から二時間くらいかかるところに最寄りの駅があり、そこからさらに車を利用して三十分ほどで、校区に着く。明治時代まで、地域の中心地だったが、高崎線（東北本線）から離れているため、開発から取り残され、今は静かな集落が点在している。村人はたがいに懇意で、生徒も全員顔見知りの関係になる。それだけに生徒に覇気が乏しいと、学校関係者は語っていた。なお、D中は小学調査のD校

●表4-1　調査校の概要

	地域特性	開校年次	生徒数（男/女）	教員数	学級数
A中	都市下町	昭和22年	864（475/389）	41	23
B中	湘南の新興開発地	平成 3年	447（226/221）	22	12
C中	大宮の郊外	平成 2年	502（265/237）	24	13
D中	北関東の農村	昭和22年	526（288/238）	32	15

と同じ地域にある。

このように4中学は、A中＝都下の下町、B中＝都郊外の新興住宅地、C中＝都に隣接する大都市の開発地域、D中＝関東の農村部のような状況下にある。それでは、4中学の学校の楽しさはどうなのであろうか。

表4-2に部活動の状況を示した。学校差はそれほど認められないが、C中は運動部を中心に部活動がさかんで、A中の部活動はあまりさかんでない。すでにふれたように、A中は在籍生徒が八六四人で、現在の基準では大規模校に属する。それにしては、校庭が狭く、日を決めて利用するので、野球やサッカーなどの練習日は週二回に限られる。残りの日は、校庭の隅でランニングをしたり、筋力トレーニングをしたりしている。部に入っていても、練習ができない。A中での退部率が10・3％にのぼるのは、そうした背景かららしい。

2 「楽しさ」の学校差

それでは、「学校の楽しさ」について、学校差はどの程度認められるのであろうか。表4-3に示したように、学校の楽しさはD中の73・0％からA中の64・6％まで、8・4％の開きが認められる。それほど大きな差ではないが、楽しいのはD中で、A中は楽しみに欠けるというような印象を受ける。

●表4-2　部活動×学校差　　　　　　　　　　　　　　　（単位は％）

	運動部		文化部		退部した	入部していない
	積極的	消極的	積極的	消極的		
全体	55.9	12.9	13.7	8.0	6.5	3.0
A中	46.3	13.0	13.9	9.9	10.3	6.6
B中	56.0	11.5	18.9	9.3	3.3	1.1
C中	69.3	10.6	12.3	5.4	2.0	0.5
D中	61.3	17.2	8.9	5.5	7.1	0.0

表4-4は、生徒が学校でどんな感じを持っているのかを示している。「学校にいると疲れる」や「学校に居場所がない」などについて、そう感じている生徒の割合にそれほど大きな開きは認められない。四項目を平均した結果でも、A中の14・4％からD中の12・6％まで1・8％の開きにとどまる。

今回の調査の場合、すでにふれたように生徒の番号を記入した調査を二度にわたって実施する形をとったので、協力校を得るのに難航した。そうした条件のなかで、今回の調査に協力してくれたのは安定した実践を展開している学校だった。それぞれの学校ごとに、その学校らしい個性が感じられるが、安定した学校という状況は4中学に共通している。それだけに、表4-4の結果に開きが少なかったのであろう。

表4-5は、教師との関係を学校別にだし

● 表4-3 学校の楽しさ (単位は％)

	とても	わりと	小計	少し	あまり	全然
全体	30.4	37.6	68.0	21.0	7.6	3.5
A中	31.5	33.1	④ 64.6	24.7	7.9	2.8
B中	30.0	40.6	② 70.6	19.2	6.7	3.5
C中	26.3	38.9	③ 65.2	21.6	10.0	3.3
D中	32.4	40.6	① 73.0	16.5	5.8	4.6

①～④は4中学内の順位（以下，表4-14まで同様）

● 表4-4 学校で感じたこと×学校差（「かなり」「わりと」感じる割合） (単位は％)

	疲れる	居場所がない	友だちと不仲	先生と不仲	4項目平均
全体	16.6	9.1	16.3	13.1	13.8
A中	17.9	9.5	16.3	13.8	① 14.4
B中	18.1	9.6	18.9	10.7	② 14.3
C中	17.5	7.8	13.4	15.3	③ 13.5
D中	12.4	9.2	16.2	12.4	④ 12.6

かめた結果を示している。「信頼できる」や「尊敬できる」先生が「二人以上いる」割合がもっとも多いのはB中の41・3%、次いで、D中の39・9%、A中の38・3%で、数値が低いのはC中35・6%となる。

それでは、友だちが多いのはどの学校だろうか。学校はそれほど大きくはないが、「相談できる友だちがいる」や「生涯つき合えそうな友だちがいる」などの項目で、D中の評価が高い（表4－6）。

今回調査した4中学のなかで、D中は農村部にある。駅からも遠く、閉鎖的な町なので、地域の住人は互いに顔見知りで、生徒も幼い時からの友だちだ。それだけに、D中の生徒が、友だちが多いというのは理解できるように思う。それに対し、C中は新興の開発地域で、ほとんどの住人がこの十年の間に転入している。生徒たちも大半

●表4-5　先生がいるか×学校差（「2人以上」いる割合）

（単位は%）

	信頼できる	尊敬できる	信じてくれる	3項目平均
全体	47.0	37.1	32.1	38.7
A中	44.8	38.2	31.9	③ 38.3
B中	50.8	36.8	36.3	① 41.3
C中	43.3	34.4	29.0	④ 35.6
D中	50.1	38.1	31.4	② 39.9

●表4-6　友だちがいるか×学校差（「2人以上」いる割合）

（単位は%）

	相談できる友だち	遊べる友だち	話せる友だち	生涯の友だち	4項目平均
全体	76.9	95.9	71.6	87.5	83.0
A中	79.2	95.6	74.7	87.6	② 84.3
B中	76.2	95.7	71.8	87.8	③ 82.9
C中	73.4	96.0	63.2	82.8	④ 78.9
D中	78.0	96.0	73.8	91.1	① 84.7

が他地域から転入し、互いに幼友だちという感覚を持てないでいる。C中の友だちが少ないのはそうした事情からなのであろう。

表4－7は学校で「挨拶などの礼儀が身につく」かの学校差を示している。このなかでは、A・B中とC・D中との開きが目につく。なかでも、A中の生徒の42・9％は「とても礼儀が身につく」と答えている。

すでにふれたようにA中は埼玉県に隣接した東京都北部の下町を校区としている。率直にいって、家内工業的な零細企業が多く、経済的に豊かといえない地域である。それだけに、非行少年も多く、長い間、生徒の荒れに手をやいていた。そうした関係から、A中は生徒指導に力を注いできた。とくに礼儀を大切にしてきたという。この結果にも、A中のそうした指導結果が反映されているように思える。

●表4-7　挨拶などの礼儀が身につく×学校差

(単位は%)

	とても	わりと	小計	少し	あまり	全然
全体	32.7	33.3	66.0	21.8	9.2	3.0
A中	42.9	31.9	① 74.8	16.6	6.2	2.4
B中	40.5	32.8	② 73.3	18.1	5.5	3.0
C中	19.4	35.4	④ 54.8	26.7	13.6	4.9
D中	20.6	34.2	③ 54.8	29.2	13.8	2.2

●表4-8　集団での行動の仕方が身につく×学校差

(単位は%)

	とても	わりと	小計	少し	あまり	全然
全体	32.4	37.5	69.9	20.8	6.7	2.6
A中	35.7	34.8	② 70.5	19.7	7.2	2.6
B中	35.4	37.7	① 73.1	16.2	6.6	4.1
C中	27.2	37.6	④ 64.8	27.0	6.1	2.1
D中	28.9	41.5	③ 70.4	21.7	6.3	1.6

3 友だちのいる学校・学力のつく学校

もっとも、表4-8によると、A中と並んで、B中も「集団での行動の仕方が身につく」と、生徒から思われている。

それでは、学校生活を通して、友だちがどの程度できるのか。「友だちづき合いの仕方が身につく」の設問でたずねてみると、表4-9のように、D中の評判が良い。「友だちづき合いの仕方」が「とても身についた」が37・2%と、4割に迫っている。ついで、B中の評価が2位を占める。

すでにふれたように、D中は北関東の純農村部にある学校で、B中は湘南の海岸に面したモダンな学校で、学校を取りまく環境は正反対だが、両校の生徒が学校を通して友だちを増やしたといっているのが興味深い。

もちろん、学校は友だち関係を作る場だけではなく、学力をつけるのが本筋であろう。「受験の学力

●表4-9　友だちづき合いの仕方が身につく×学校差

(単位は%)

	とても	わりと	小計	少し	あまり	全然
全体	34.8	36.2	71.0	20.1	6.4	2.6
A中	34.0	35.4	③ 69.4	20.4	7.4	2.6
B中	34.8	34.8	② 69.6	19.2	7.5	3.6
C中	33.3	35.4	④ 68.7	23.9	5.2	2.1
D中	37.2	39.3	① 76.5	17.0	4.7	1.8

●表4-10　受験の学力がつく×学校差

(単位は%)

	とても	わりと	小計	少し	あまり	全然
全体	17.6	33.2	50.8	31.9	12.8	4.5
A中	14.7	30.4	④ 45.1	35.1	14.0	5.8
B中	15.1	31.8	③ 46.9	30.9	16.6	5.5
C中	17.8	33.5	② 51.3	31.9	12.9	4.0
D中	24.1	38.7	① 62.8	27.9	7.5	1.8

がつく」かの問いに、「とても力がつく」と答えた生徒がもっとも多かったのは、D中の24・1％だった（表4―10）。次いで、C中も、生徒から学力がつくと思われている。

すでに引用した「ずっと楽しい」から「ずっとつまらない」までに学校の楽しさを四段階に分けたカテゴリーで、各校の楽しさを集計すると、表4―11のように、それほどの差はみられないが、4中学のうち、もっとも「楽しい」のがB中、次いでD中である。

4 学校ごとのプロフィール

これまで4中学のデータを概観してきたが、これまでの結果を要約してみよう。

① 学校の楽しさ＝学校が楽しい学校の順位はD、B、C、A中で（表4―3）、6月と11月とをトータルとしてとらえた「楽しさ」でも、B、D、C、A中となり（表4―11）、二つの結果をまとめると、B中とD中の楽しさが目につく。

② 友だちとの関係＝友だちとの関係がうまくいっていると多く答えたのは、D、A、B、C中での順ある（表4―6）。「友だちづきあいの仕方が身につく」割合もD、B、A、C中の順位である（表4―9）。友だち関係がうまくいっているのがD中なのに対し、C中は友だち関係に多くの問題が潜んで

●表4-11　学校の楽しさ×学校差　　　　（単位は％）

	ずっと楽しい	楽しくなった	楽しい小計	つまらなくなった	ずっとつまらない
全体	43.4	10.9	54.3	14.3	31.5
A中	42.9	9.3	④ 52.2	17.1	30.7
B中	47.1	10.0	① 57.1	15.2	27.8
C中	41.6	11.4	③ 53.0	10.9	36.1
D中	41.9	13.3	② 55.2	12.3	32.4

③ 礼儀との関係＝「礼儀が身につく」のが、A中で、以下B、D、C中となる（表4－7）。
④ 教師との関係＝先生との関係が、うまくいっているのがB中、次いでD、A、C中となる。とくにB中は教師と生徒の関係が順調なようにみえる（表4－5）。
⑤ 学力がつく＝生徒から「学力がつく」と思われているのがD中、C中、B中、A中（表4－10）である。

こうした傾向をさらにまとめると、以下のように要約できるのかもしれない。

A中＝教師との関係はあまりうまくいっていない。学校の楽しさにも欠ける。全体に規律が厳しい。

B中＝先生との関係がうまくいっていて、友だち関係も円満で、学校の楽しさも4校中の1位である（表4－11）。

C中＝友だちの関係が円滑さに欠け、学校の楽しさも乏しい。

D中＝友だちの仲がよく、学力がつくと思われ、学校も楽しい。

全体としてみると、4中学のうち、D中とB中とが楽しい学校で、A中とC中とが満足感の欠ける学校という感じである。

すでにふれたように、A中は東京北部の中小企業の多い下町を校区としている。荒れる生徒が多い校区なので、全校をあげて、生徒指導に力を注いできた。

それと同時に、部活動を大事に考え、現在二十四の部活動が展開されている。なかでも、水泳や柔

道、剣道、バレーは、例年、男女とも、都大会で優秀な成績を収め、全国大会出場も果たしている。近年は、吹奏楽部や合唱部などの文化部の充実も著しいという。

もちろん、区内の運動大会では十年以上連続して総合優勝を果たしている。

八六四人の在籍生徒をかかえ、生徒指導の徹底に努めているらしく、生徒手帳の生徒規則のページを見ると、「セーターは紺」「靴は白色を原則」「上履きは指定のもの、甲に学年・組と姓。かかとに名を書く」や「髪の脱色や眉のソリは厳禁」「(男子)登下校時の帽子着用の励行」などが定められている。

実際に、学校にヒアリングに行った時も、登校の二十分以上前から、校門の周りに指導担当の先生が立って、生徒を指導する姿があった。

A中は多くの社会問題を抱える下町を校区にしている。しかも、大規模な中学なので、運動部を活発にして生徒の心をつなぎとめると同時に、厳しい姿勢で生徒指導にあたって、非行化を阻止しようとしている。

現在でも、そうした状況下の中学は少なくないように思われる。先生たちの気持ちはわかるが、A中のデータが示すように、残念ながら、厳しい教師に反発し、学校に不満を抱く生徒が少なくない。生徒指導にあたって、厳しい姿勢をとることで、非行に歯止めをかける。生徒も形式的に従っているが、何となく生徒たちが生き生きとしていない。こうした学校の姿勢を批判することは容易だが、地域的な条件や生徒数などを考慮すると、規律を緩めた時に混乱が生まれる可能性が強い。しかし、学校関係者の苦労や生徒数を考えると、これしか方法がないようにも思える。

C中もA中に状況が近い。昭和の終わりに開発された大規模団地内にある学校で、生徒数も多かったので、最初はこれまでの中学と同じように厳しい姿勢で生徒指導にあたった。しかし、学校内のふんいきが暗いので、生徒の自主性を育てるため、三年ほど前から、生徒規則を生徒たちが決める方式を採用した。

前年度は、生徒からの発案で、スニーカーの自由化に踏み切った。生徒のほうから「中学生らしさを忘れないようにしよう」という提案があり、スニーカーの自由化は順調に進んだ。ただ、女子の髪を束ねるゴムの色の自由化は、黒か紺の現行規定でもよいという意見がでて、次年度に審議を持ち越すことにしたという。

しかし、校長の話では、現在でも、生徒の扱いについて、試行錯誤の最中で、学校としての盛り上がりに欠けるという。次年度に、標準服の撤廃を含めて、生徒規則を見直す予定だが、そこまでしていいのか、現在でも迷っているらしい。C中はA中のような学校からの脱皮を試みながら、改革が軌道に乗っていない印象を受ける。

D中は、くり返し指摘してきているように、純農村部にある。東京の浅草から本線、支線に乗り継いで二時間弱、駅からバスといっても、昼間は一時間に一本程度しか走っていない。やむなくタクシーを利用したが、畑の中を三十分ほどかかり、五千円以上の出費になった。

しかし、明治時代に地域の中心地だったらしく、学校の周辺には落ち着いた町並みがみられる。学校に入ると、きちんとした三階建て校舎があり、四百メートルの土のトラックが広がっている。

生徒は二つの小学校から来ているが、校区を三十一に分け、基本的には集団登校をするので、全員

が顔見知りで仲が良い。校内を歩いていると、どの生徒も「こんにちは」と挨拶をする。標準服を着ているが、素朴な感じの生徒が多いので、白いズック靴もピッタリしている。

都市の中学を見慣れた者からすると、三十〜四十年の時間を巻き戻した古き良き時代の中学という感じだ。都市から離れているため、地域に塾がないので、学校は学力をつけることに力を注いでいる。毎朝、二十分の早朝学習の時間が設定され、生徒たちはドリルに取り組んでいた。

D中の生徒たちが、学力がつき、友だちが多く、楽しいと学校を評価した背景は、学校を訪ねると、理解できる感じだ。

現在の中学のなかでは、地域の安定した校区に位置するD中は恵まれた条件下にある。したがって、いかに望ましくても、大都市の多くの学校では、D中のような背景を望むことはできない。それが、都市の中学の抱えている問題なのかもしれない。

B中はC中と同じような新興住宅地にある学校だが、湘南地域らしく教育熱心な親が多い。教育委員会としても、新設したB中を教育改革のモデル校にしようと、気鋭のスタッフをそろえた。総合的な学習の時間なども、平成九年段階で先導的に試行されている。なかでも、生徒の自発性を尊重したかったので、服装などの規定を設けずに、生徒の自主的な判断に委ねることにした。

ただ、入学式や授業参観の日など、改まった日に「中学生らしい服装をしよう」というような話し合いが生徒間で持たれた。実際に、当日、生徒たちはきちんとした服装で登校してきた。

また、修学旅行にあたっても、「自由」をキーワードにして話し合いが重ねられ、生徒主導の修学旅行のプラン作りが進んだ。手間暇がかかったが、無事に修学旅行が終わり、生徒たちの評価も良か

2節 充足感を持てる学級・持てない学級

1 学校差や学年差

これまでふれてきたように、A中は部活動が盛んで規律が厳しい。B中は生徒の自主性を尊重する自由な学校。C中は伝統的な中学からの脱皮を試みている学校。D中は農村部ののんびりとしたふんいきの学校というように、それぞれにその学校らしい個性が認められる。

表4−12に示したように、「今の学年や学級でよかった」と思う割合は、これまでの結果と同じように、D中とB中の生徒たちの評価が高い。そして、A中とC中の生徒の評価は低い。

った。次年度も、「自由」を大事にしていきたいという。

このようにB中は全校が一丸となって、生徒の自主性を育てようとしている。文部科学省の研究指定も受け、研究成果を単行本にまとめている。そうした外部からの高い評価を単行本にしては、B中のデータは他校とそれほど開いていない。B中は教育実践を通して、生徒の自主性を育てようとしているが、生徒の中まで定着したとはいいにくいような印象を受ける。

そうした意味では、有名校ともいえる学校だが、

● 表4-12　今の学年・学級でよかった×学校差 (単位は%)

	学年			学級		
	とても	わりと	小計	とても	わりと	小計
全体	30.4	37.6	68.0	26.1	34.6	60.7
A中	31.5	33.1	④ 64.6	24.6	33.5	③ 58.1
B中	30.0	40.6	② 70.6	24.8	37.7	② 62.5
C中	26.3	38.9	③ 65.2	24.5	33.2	④ 57.7
D中	32.4	40.6	① 73.0	31.3	34.5	① 65.8

「とても」「わりと」「少し」よかった, 「あまり」「全然」よくないの5段階尺度

小学生を対象とした1、2章の調査では、学校の楽しさといっても、つきつめていうと、学級が楽しさを支える単位として機能していた。

そこで、中学についても、学級差が認められるかを検討することにしたい。

表4-13は、学級が「楽しいか」「まとまっているか」「いじめがないか」「先生と仲がよいか」と学校差との関連を示している。

ここでも農村部のD中と新興住宅地のB中の学級が「楽しくまとまっている」という評価を得ている。それに対し、A中の学級の居心地はあまり良くないようにみえる。

なお、学年別の楽しさを表4-14に示した。これまで生徒から評判の良いD中でも評価の高いのは1年生の73・2%であるのに対し、評価の低いB中でも2年生は54・5%と評価が高い学年がみられる。

●表4-13　今の学級×学校差（「とても」「わりと」そうの割合）

(単位は%)

	楽しい	まとまる	いじめがない	先生と仲がよい	4項目平均
全体	71.3	42.9	50.8	47.3	53.1
A中	③ 70.6	④ 35.0	④ 47.5	③ 42.2	④ 48.8
B中	② 72.5	③ 48.8	③ 51.6	① 55.0	② 57.0
C中	④ 67.0	② 52.5	② 52.0	④ 41.5	③ 53.3
D中	① 72.9	① 53.5	① 54.1	② 49.6	① 57.5

●表4-14　学校が楽しい×学校・学年（「とても」「わりと」楽しい割合）

(単位は%)

	1年	2年	3年
全体	63.9	45.9	53.4
A中	④ 57.6	② 47.1	① 56.6
B中	③ 63.4	① 54.5	③ 52.7
C中	② 67.4	④ 34.8	② 55.6
D中	① 73.2	③ 45.2	④ 49.2

2 学級差の状況

小学校調査で指摘したように、つきつめていうと、学校の楽しさは学級での居心地による部分が大きかった。学校の中がうまくいっていて、友だちが多い。それに、担任との関係が円滑だと、学校生活が楽しくなるという。

それでは、中学校の場合はどうか。今回の調査に協力してくれた4中学63学級についての結果を表4－15に示した。数値の羅列で読み取りにくいと思われるので、読み取りやすさを考え、数値の高い学級に○印、数値の低い学級に×印をつけた。

表4－15の結果をどう読み取るかが重要になる。そこで、データ読み取りの第一段階として、「学校の楽しさ」「担任との関係」「友だちとの関係」の三項目について、二つ以上○印や×印のついた学級を拾い出してみよう（表4－16a）。

このなかで、70％以上の生徒が「楽しい」という学級が4学級みられる反面、楽しさが4割を下回る学級も7学級にのぼる。

なお、楽しい学級が4学級とも1年生なのと、楽しくない学級の7学級中4学級は2年生である。

これまでくり返し指摘したように、2年時が楽しさに欠けるというのは、学級別の検討にも現われている。

● 表4-15　学校の楽しさ×学校・学年・学級（63学級）　　　　　　　　　　（単位は％）

	学校の楽しさ	担任との関係	友だちとの関係		学校の楽しさ	担任との関係	友だちとの関係
A−1−1	66.7	77.1	66.7	C−1−1	○ 77.8	○ 100.0	○ 86.1
−2	60.5	× 26.7	78.9	−2	69.7	○ 90.9	75.7
−3	53.8	79.5	76.9	−3	64.9	84.8	70.3
−4	55.6	80.6	72.2	−4	57.1	× 45.7	72.2
−5	○ 71.1	75.7	63.2	2−1	× 36.4	× 48.5	× 55.9
−6	64.9	83.8	71.1	−2	41.7	57.1	× 55.6
−7	× 32.4	61.8	× 58.8	−3	× 30.6	72.2	63.9
−8	54.1	73.0	70.3	−4	× 30.6	× 48.6	× 50.0
2−1	○ 72.7	78.8	78.8	3−1	61.1	81.1	83.8
−2	42.4	81.8	72.7	−2	62.2	78.4	○ 91.9
−3	56.7	66.7	72.4	−3	60.6	81.8	72.7
−4	× 27.3	72.7	68.8	−4	× 38.9	× 44.4	77.8
−5	× 38.7	56.7	77.4	D−1−1	○ 76.3	81.6	○ 91.9
−6	48.4	61.3	64.5	−2	○ 84.2	○ 85.2	○ 86.8
−7	48.6	74.3	68.6	−3	68.4	55.3	○ 92.1
−8	42.9	71.4	80.0	−4	64.1	71.8	74.4
3−1	44.1	55.9	64.7	2−1	57.1	82.9	○ 85.7
−2	55.9	○ 88.2	79.4	−2	60.6	78.8	60.6
−3	61.8	67.6	73.5	−3	× 37.5	× 46.9	× 59.4
−4	50.0	× 41.7	61.1	−4	45.5	81.8	72.7
−5	61.8	74.3	80.0	−5	× 24.2	× 12.1	68.9
−6	41.7	○ 85.3	80.0	3−1	62.2	○ 97.3	○ 97.3
−7	68.6	○ 91.4	○ 85.6	−2	50.0	72.2	○ 86.1
B−1−1	57.1	62.9	68.6	−3	47.4	73.7	76.3
−2	59.5	○ 86.5	81.1	−4	46.2	○ 89.7	74.4
−3	○ 73.0	○ 91.9	83.8	−5	40.5	75.7	77.8
−4	63.9	○ 88.9	82.9				
2−1	67.7	77.4	80.6				
−2	53.1	65.6	62.5				
−3	50.0	○ 90.0	66.7				
−4	45.2	58.1	67.7				
−5	56.3	78.1	75.0				
3−1	51.5	84.8	72.7				
−2	× 37.9	○ 85.7	78.6				
−3	47.1	54.5	64.7				
−4	51.1	○ 88.9	72.2				
−5	62.9	○ 94.3	71.4				

学校の楽しさ＝「とても」「わりと」楽しい割合
　○＞70.0％　　×＜40.0％
担任との関係＝「とても」「わりと」うまくいっている割合
　○＞85.0％　　×＜50.0％
友だちとの関係＝「とても」「わりと」うまくいっている割合
　○＞85.0％　　×＜60.0％

3 楽しさに欠ける学級

そこで、あらためて、「学校の楽しさ」「担任との関係」「友だちとの関係」のそれぞれで上位5学級を拾い出すと、表4－16bとなる。

三つの項目のなかでは、友だち関係は、最低でも50・0％で、それほど低くはない。ちなみに、担任との関係では、数値がもっとも低いのは12・1％である。したがって、友だちとの関係は最悪にはならないが、担任との関係はかなりの割合で、関係が悪化する可能性が高い。

そこで、学校の楽しさの上位5学級、下位5学級のプロフィールを示すと、表4－16cとなる。

●表4-16a　目につく学級──表4-15より──

(単位は％)

	学校の楽しさ	担任と関係良好	友だちと関係良好
(1) 全体的に楽しい			
D－1－2	○ 84.2	○ 85.2	○ 86.8
C－1－1	○ 77.8	○ 100.0	○ 86.1
D－1－1	○ 76.3	81.6	○ 91.9
B－1－3	○ 73.0	○ 91.9	83.8
(2) 担任や友だちとの関係はよい			
A－3－7	68.6	○ 91.4	○ 85.6
D－3－1	62.2	○ 97.3	○ 97.3
(3) 担任はよいが，楽しくない			
B－3－2	× 37.9	○ 85.7	78.6
(4) 全体につまらない			
C－2－4	× 30.6	× 48.6	× 50.0
D－2－3	× 37.5	× 46.9	× 59.4
C－2－1	× 36.4	× 48.5	× 55.9
(5) 担任との関係がよくない，楽しくない			
D－2－5	× 24.2	× 12.1	68.9
C－3－4	× 38.9	× 44.4	77.8
(6) 友だちとの関係がよくない，楽しくない			
A－1－7	× 32.4	61.8	× 58.8

●表4-16b　学級評価上位5位・下位5位（63学級）　　　（単位は%）

	学校の楽しさ	担任との関係	友だちとの関係
上位5位	① D-1-2　84.2 ② C-1-1　77.8 ③ D-1-1　76.3 ④ B-1-3　73.0 ⑤ A-2-1　72.7	① C-1-1　100.0 ② D-3-1　97.3 ③ B-3-5　94.3 ④ B-1-3　91.9 ⑤ A-3-7　91.4	① D-3-1　97.3 ② D-1-3　92.1 ③ C-3-2　91.9 ④ D-1-1　91.9 ⑤ D-1-2　86.8
下位5位	① D-2-5　24.2 ② A-2-4　27.3 ③ C-2-3　30.6 ③ C-2-4　30.6 ⑤ A-1-7　32.4	① D-2-5　12.1 ② A-1-2　26.7 ③ A-3-4　41.7 ④ C-3-4　44.4 ⑤ C-1-4　45.7	① C-2-4　50.0 ② C-2-2　55.6 ③ C-2-1　55.9 ④ A-1-7　58.8 ⑤ D-2-3　59.4

●表4-16c　学校の楽しさ　上位5位・下位5位（63学級）

（単位は%）

		学校の楽しさ	担任との関係	友だちとの関係
全体の平均		54.3	50.2	74.1
上位5位	① D-1-2　84.2 ② C-1-1　77.8 ③ D-1-1　76.3 ④ B-1-3　73.0 ⑤ A-2-1　72.7	⑮ 85.2 ① 100.0 81.6 ④ 91.9 78.8	⑤ 86.8 ⑦ 86.1 ③ 91.9 83.8 78.8
下位5位	① D-2-5　24.2 ② A-2-4　27.3 ③ C-2-3　30.6 ③ C-2-4　30.6 ⑤ A-1-7　32.4	① 12.1 72.7 72.2 ⑦ 48.6 ⑧ 61.8	68.9 68.8 63.9 ① 50.0 ④ 58.8

4 教師のプロフィール

ここで、学校サイドのヒアリングをもとに、いくつかの学級の事情を補足しておこう。学級の楽しさ下位の学級にC中の2年生が目につく。2年3組・2年4組が下位の3位、2年1組が下位の6位である。

学校関係者の話によると、2年生の場合、男女の比率が崩れたことが問題らしい。ちなみに、C中の学年別の男女構成は表4-17の通りである。

全体としてみると、女子の比率は49・4％と男女比はほぼ拮抗しているが、中3は男子八十五人に女子六十八人で男子のほうが多い。それに対し、2年生は男子六十五人に対し女子は八十一人で女子が十六人多い。

ただでさえ女子が多いうえに、女子にしっかりとしたリーダー格の生徒が多く、男子は圧倒されがちだった。男子の数人がツッパッているが、残りの男子はツッパッの子たちと距離を置き、男子がまとまらない。そのため、文化祭の時になかなか出し物が決まらず、運動会の時もだらけて、行事にならなかった。

そうした状況から、学校としても2年生対策を心がけてきたが、2年1組には多動の生徒がいて、授業中に奇声をあげたり、教室内を走り回ったりする。そのため、担任や教師はその生徒への対応に迫られ、授業が成り立たないことが少なくないという。加えて、C中の校区は新興住宅地なので、親同士のまとまりがなく、親からの連携を期待しにくく、学校は孤立して頑張っている感じになる。

●表4-17　C中の生徒構成　　　　　　　　（人）

	1年	2年	3年	全体
男子	76	65	85	226
女子	73	81	68	222
合計	149	146	153	448
女子比率(%)	49.0	55.5	44.4	49.6

また、2年3組にはツッパリの生徒がいて、この生徒の兄もC中を卒業し、現在もツッパっている。兄の影響からか、校外でバイクに乗り、夜にコンビニのあたりにたむろしている。この生徒の存在が学級に影を投げかけている。

こうした状況を心配して、2年3組の担任は若い先生なので、暇があれば学級に行って、生徒にあれこれと話しかけた。そうした努力が報われて、担任に対する評価が72・2％と高まった。しかし、学級が楽しいという気持ちにはなれないらしい。

D校の2年5組の事例は、学年主任によると、学級編成にあたっての計算違いだという。というのは、2年生にツッパリの生徒が四人いて、4組までにそうした生徒を一人ずつ配置した。5組はこれといった問題のある生徒がいないので、生徒指導がやや苦手な理科の先生を担任にした。若い先生なので、生徒と打ち解けると思ったが、ほとんど生徒と話せない。加えて、学級内にリーダー格のツッパリがいない代わり、何人かの生徒が勢力を分散する形で学級がバラバラになったという。

また、A中の2年4組は、学級内で何回か盗みがあり、犯人探しの過程で、最初に疑われた生徒が冤罪で、半年近く犯人がわからず、学級のふんいきが悪くなった。後に、盗んでいたのが目立たない二人組なのがわかったが、その生徒への対応をめぐって、学級内がもめたらしい。

このようにみてくると、問題のある学級にはそれなりの事情が認められるのがわかる。とくに生徒集団のほうに何らかの問題があり、それに、教師の生徒指導が適切さを欠くと、状況が悪化するようにみえる。

また、B中は平均してどの学級の評価も安定し、とくに評価の低い学級はみられなかった。学校全

122

体としてまとまりがある感じだが、こうした全体的な評価の良さとなったのであろう。

それに対し、「学校が楽しい」の上位5学級のうち、4学級は中学1年で、残りは中学2年で、中学3年は5位以内に入っていない。学校が楽しいのは中学1年生なのであろうか。

それと同時に、興味深かったのは、B中の1年3組、C中の1年1組、D中の1年2組が、いずれも学年主任の担当する学級という事実だった。学年には若い先生もいるが、学年主任への評価は若い先生を上回っていた。

B中1年の学年主任は四十三歳で、専門は数学、ブラスバンドの顧問を十五年以上行なっていた。B校は湘南にあり、音楽の盛んな場所なので、ブラスバンドも人気があり、市の大きな行事にも、参加して、市民を楽しませている。なお、八年前にツッパリの生徒を担任し、とことんつき合う羽目になり、それ以来、ツッパリの指導に自信ができたという。

C中の学年主任は、四十七歳の女性教師で、英語が専門、バレーの顧問をするだった。バレーはまったく知らなかったが、前の顧問が他校へ転出し、顧問がいないため、廃部になりかかった。やむを得ず、顧問を引き受け、現在では、中3の選手と打ち合いができるまでになったという。現在では、市のベスト4常連校だが、まだ優勝がないので、来年度に悲願の優勝をめざしている。なお、娘が小学4年の時、いじめに遭って不登校を起こし、親として苦悩の日々を送った。それ以来、生徒指導を自分のこととして感じられるようになったらしい。

D中の主任は四十九歳で、専門は体育。バスケットの指導歴が三十年近い。ただ、数年前に体調を崩し、半年ほど入院した。その期間に、生徒指導関係の本を読み、それまでのスパルタ式からソフト

な形に指導方針を改めたという。

このように三人は、四十歳代で、いずれも十年以上クラブの顧問経験があり、生徒指導に苦労しているという点は共通していた。教師として、充実した世代で、話していても、こうした先生を生徒が信頼するのも当然という気持ちがしてくる。

また、D中の1年1組の担任は二十八歳の英語の教師だった。大学時代はラグビー選手で、D中に来てから、同じボールゲームという意味で、サッカー部の顧問をしている。アメリカに留学経験があり、英語の発音はばっちりで、生徒たち、とくに女子の人気を集めている。都市でも目立つ教師であろうが、D中が農村地域だけに、いっそう際立った存在らしい。

A中の2年1組の担任は三十四歳の美術工芸の専門家で、陶芸家として日展入選などの実績がある。学級にツッパリの生徒がいたが、自宅の工房に彼を連れていき、土をこねるところから、世話をやいた。それ以来、彼が先生を心酔するようになった。たまたま、女子を中心に、土曜に自宅の工房に押しかけ、マグカップなどを作るクラブができた。自宅が学校から三十分位の近距離なので、生徒も気軽に工房をたずねるらしい。下町の人情味豊かな感じと陶芸とが混じって、評価の高さの背景になっているらしい。

したがって、五人のうち、三人が四十歳代の学年主任という共通性はたまたま認められたとして、それほど重視する必要はないと思うが、五人に共通するのは教師という以前に、人間として魅力に富んでいるという事実だった。

すでにふれた陶芸家やラガーの他にも、B中の学年主任はブラスバンド部の顧問だが、実をいうと、

大学時代からフォークのバンドを結成し、現在でも、学生時代の仲間とバンドを組み、文化祭の時などに、市内のレストランでライブをすることがあるほかに、文化祭の時などに、生徒の伴奏をするらしい。また、C中の学年主任は、夏休みを使って、二、三年ごとにアメリカへ行き、新しいアメリカ文化を吸収し、授業で話すらしい。

このように、評価の高い教師は、教師というより、人間として個性を持っている。そうした個性に惹かれて、学級としてのまとまりができるような印象を持った。

なお、学級の居心地は、表4-18から明らかなように、学校の楽しさの上位5学級はC校の1年1組を除くと、いずれも、「ずっと楽しい」が6割を超える。それに対し、下位の5学級はいずれも6月から「ずっとつまらない」が4割を超える。したがって、良くも悪くも、学級のふんいきができてしまうと、それはなかなか変わらないように思える。そう考えると、学級を編成して1か月が大事なように思われる。

●表4-18　学校の楽しさ×楽しさの変化　　　　　　　　　　　　　　　　（単位は％）

	学校の楽しさ		ずっと楽しい	楽しくなった	つまらなくなった	ずっとつまらない
上位5位	① D-1-2	84.2	72.2	11.1	8.3	8.3
	② C-1-1	77.8	45.7	11.4	17.1	25.7
	③ D-1-1	76.3	67.6	8.1	13.5	10.8
	④ B-1-3	73.0	62.2	10.8	10.8	16.2
	⑤ A-2-1	72.7	61.5	11.2	12.4	14.9
下位5位	① D-2-5	24.2	21.9	3.1	25.0	50.0
	② A-2-4	27.3	13.8	10.3	31.0	44.8
	③ C-2-3	30.6	23.5	5.9	14.7	55.9
	④ C-2-4	30.6	18.2	15.2	12.1	54.5
	⑤ A-1-7	32.4	25.0	12.5	18.8	43.8

終章 楽しい学校は可能か

1 楽しさの間接的な条件と直接的な条件

間接的な条件

これまで4章にわたって、学校の楽しさを考察してきた。小学校は9校57学級、中学校は4校63学級を対象とした調査だが、楽しさを支える条件は大別して「間接的」と「直接的」に二分できるように思われる。

〈校区の条件〉

間接的な条件のなかでも、外在的な特性が強いのは、第一に、学校を支える校区の条件であろう。中学調査のD中は北関東の農村地帯にあり、生徒はみんな幼なじみの仲良しだった。そうした条件があると、中学も安定する。

B中も生徒から楽しいと評価された学校だが、D中とは背景を異にしている。B中は湘南の解放的な地域を校区に持ち、親たちも高学歴で教育に対する関心が高い。そこで、学校としては、生徒の自主性を育てるのを教育目標に掲げ、そうした学校の取り組みを親たちが支持し、安定した学校がつくられていた。

それに対し、都下下町のA中の校区には中小企業が多く、不況の中で校区が荒れ、中学は長い間非行対策に取り組んできた。A中の生徒規則が厳しく、上からの押しつけ的な校風はA中の校区が生み出したもののように思われる。いずれにせよ、楽しい学校を成り立たせるためには、地域の安定性が重要なように思われる。

小学校の場合でも、地域の持つ意味は大きかった。A校は、伝統のある下町の商業地にあり、そうした安定感がA校の実践を支えていた。そして、小学校のB校はB中と同じ地域で、学校の開放的でのびのびとしたふんいきもB中と共通していた。また、2章で多くの問題を抱えたと説明したI校はA中と同じ地区にあり、地域の荒れを学校が引き受けている感じだった。

このように学校の実践は校区の状況に規定されている部分が多く、校区と切り離した実践は考えにくいように思われる。そうした観点に立つと、それぞれの学校は校区の特性を考慮しつつ、その学校なりの実践を展開している。したがって、学校の楽しさのタイプは一つでなく、D中が身内的な安定感、B中の開放感のように、その学校によって、目標とする楽しさが異なってくるのかもしれない。

終章　楽しい学校は可能か

〈学校の規模や学級のサイズ〉

学校の楽しさについての間接的な要因として、学校の規模や学級サイズも考えられる。A中の場合、校区が問題を抱えているのはたしかだが、八六四人という生徒数の多さが生徒指導の困難さを増幅している。他の中学のように生徒が五百人程度なら、きめ細やかな指導も可能になるように思われる。

それとは逆に、I小学校はいじめの後遺症によって多くの児童が転校するという状況によって児童数が百人に減り、単級学校としても存在が危うくなっていた。もともと単級学校では学級替えをできないので、1年生での序列が6年生まで持ち越されやすい。それだけに、学校としては、少なくとも二年ごとに学級替えをしたいので、各学年四十人程度、全校で二百人程度に児童数を増やしたいと語っていた。そう考えると、各学年2学級が小学校としての最小規模のように思われる。

〈学校建築や設備〉

さらに、学校の建築や設備の充実も、学校の楽しさに間接的に関連する要因となる。現在の学校が設備的に劣化し、子どもにとって魅力が乏しいのはたしかであろう。1章で紹介したような学校にクーラーがほしいという子どもの希望は、現代の学校の貧しさを象徴している。建物はともあれ、校内の色彩や音響などを魅力的なものにするだけで、学校のふんいきが一変しよう。

ただ、今回の調査で建物が魅力的だったのは、E小学校とA小学校だった。そして、A校の評価はよかったが、E校の楽しさはそれほど高くはなかった。また、2章の結果でも、きれいな建物のほうが望ましいのはたしかだが、建物と学校の楽しさとの間に積極的な関係は認められなかった。したが

って、学校の楽しさは魅力的な学校建築を作ればよいというような単純なものでないのはたしかであろう。

〈学校行事〉

学校行事や生徒規則などは、間接的な条件というより直接的な条件なのかもしれないが、運動会や修学旅行などは、子ども（生徒）からすると、学校全体として取り組む行事となる。そして、1章や3章で紹介したように、運動会や修学旅行が楽しいと学校生活も楽しくなる。学校生活が楽しい子どもにとって、運動会は楽しさを増す条件になるが、学校が楽しくない子どもにとっては、他の子に楽しい運動会であっても、運動会は楽しさを感じにくい。学校行事は学校が楽しいと思っている子どもにとって、学校の楽しさを増幅する働きを果たすが、行事が楽しいからといって、つまらない学校が楽しくなることは期待できないように考えられる。しかし、正確にいうと、学校行事は学校が楽しいと思っている子どもにとって、学校の楽しさを増幅する働きを果たすが、行事が楽しいからといって、つまらない学校が楽しくなることは期待できないように考えられる。

直接的な条件

〈学級の楽しさ〉

2章でふれたように、I校の6年（単級学校）は、学級内に深刻ないじめがあり、そうなると、子どもは、学級はむろん、学校に楽しさを感じにくい。また、4章でふれたC中2年3組の事例は、学級内をツッパリのグループが支配し、学校の楽しさが低下した。また、A中の2年4組は、担任が学級内の盗みへの対応を誤り、学級の楽しさが低下している。

終章　楽しい学校は可能か

この三事例に共通するのは、学級の問題といっても、子どものほうに問題があり、担任がそうした子どもへの対応に適切さを欠き、事態を悪化させたという状況であろう。このように学級が荒れると、学級に属する子どもの多くは、仮に校舎がきれいで、運動会が盛況でも、学校に楽しさを感じることはできなくなる。

こうした事例が示すように、今回の調査を通して明らかになったのは、学校の楽しさにとって、学級という存在の持つ意味の大きさだった。学校の楽しさは学級での居心地に基本的に規定されていた。学校を楽しいと思っている子どもに共通するのは、自分の学級の居心地がよく、所属している学級を気に入っている事実だった。それに対し、学校が楽しくない子どもは、学級に居心地の悪さを感じていた。

〈友だちと担任〉

なお、これまでの分析によれば、学級内での居心地は友だちとの関係と担任との関係とから成り立つ。そして、この友だちと教師のうち、小学校の場合は、担任との関係が高い割合を占める。担任とうまくいくことが学級の楽しさの前提となる。今回の調査は小学校4年生以上を対象にしたが、低学年では担任の持つ重みはより大きくなると考えられる。そして、中学生になれば、担任の重みはやや減少し、担任より友だちの持つ意味が大きくなる。そして、先生との関係はうまくいっていなくても、親しい友だちがいれば、学校へ行く気になる状況も生まれる。

しかし、4章でふれたD中2年5組のように、担任と「うまくいっている」のは12・1％で、担任との関係はよくないが、友だち関係は68・9％と良好という学級の場合、学校の楽しさは24・2％にとどまる。中学校でも、担任との関係が悪化すると、学校へ行きたくない気持ちが強まる。そして、友だちがいることでかろうじて、気持ちが救われるという状況なのであろう。

このように学校の楽しさは学級の楽しさを基盤としており、その学級の居心地は友だちや担任との関係によって支えられている。

2　学校の単位は集団か個人か
学級の楽しさに大きな開き

2章でふれた小学生調査の結果によると、9校の57学級のなかで、学級での居心地がもっとも高かったのはB校4年2組の81・8％だったのに対し、低いのはI校6年1組の10・7％だった。B校の4年2組のように学級の友だちの仲がよく、子どもたちが担任を信頼している。小学校では二学年の持ち上がりを原則としている。そうした学級なら、二年間だけでなく、三年間でも四年間でも今の学級でいたいと思うのが当然であろう。居心地のよい学級に暮らす子どもはよい。

しかし、I校の6年1組のように学級がバラバラなうえに、担任との関係も険悪で、居心地の良くない学級の子どもは暗い毎日の連続で、明日にでも学級替えをしてほしいと望んでいよう。しかも、居心地の良くない学級はH校4年3組の19・4％、I校5年1組の20・0％、C校6年3組の26・4％のように、けっして少数の例外的な事例ではない。

終章 楽しい学校は可能か

くり返しふれているように、今回の調査は教育実践の優れた学校に協力を仰いだ。というより、そういう充実した学校でなければ、調査に協力してもらえなかった。

そうした学校でも、多くの学校の中に、居心地のよくない学級がある。ということは、一般の学校の中に、さまざまな背景から予想される以上に、居心地の良くない学級があるのではと思う。

中学校の場合、小学校ほど学級の重みは少ないのではと思っていた。しかし、4章でふれたように、中学校でも生徒たちの楽しさは学級に規定されていた。そして、4中学63学級のうち、D中学1年2組のように楽しさが84・2％にのぼる学級もあれば、D中学2年5組のように楽しさが24・2％の学級がみられる。

考えてみると、今回の調査結果はきわめて単純で、つきつめていうと、学級の楽しさは、基本的には学級の楽しさに規定される。それと同時に、学級の楽しさには大きな散らばりが認められる。そして、全体として楽しい学校でも、楽しさに欠ける学級もみられる。

個をベースにした学校の可能性

これまでふれてきた内容は以下の四点に要約できよう。①学校の楽しさは学級の楽しさによって規定されるが、②学級の楽しさには散らばりが多い。そして、③多くの子どもが、学級の中で充実した学校生活を送っているのはたしかだが、④学級が荒れ、学級に楽しさを見出せない子どももみられる。

そこで問題になるのは、③と④の割合であろう。今回の調査では、「楽しさが35％以下の学級」を「居心地の悪い学級」ととらえると、小学校の場合、57学級のうち、9学級、中学校は63学級のうち、

133

5学級なので、居心地の悪い割合は小学校で15・8％、中学は7・9％となる。

もっとも、楽しさが35％ということは、65％の子どもが「楽しくない」と答えているのだから、学校内での居心地を測る基準として甘すぎるように思う。そこで、「楽しさが40％以下」に基準をあげると、該当する学級は小学校で26学級、中学校は10学級に増加する。全体の中で占める割合は、それぞれ45・6％、15・9％となる。

したがって、校区の条件に恵まれ、学校全体として熱心に教育活動に打ち込む学校であっても、一定の割合で居心地の悪い学級が存在するのは避けられないように考えられる。

そうなると、学校の居心地を高めるために、学級の束縛を緩める方策がうかんでくる。日本では学校生活は学級を基本として成り立っている。しかし、欧米の学校では学級の比重は少ない。どこの社会の学校でも、学級という制度が認められる場合が多いが、具体的な学習は、さまざまな組み合わせのもとで展開される。個別学習もあれば、小集団学習もある。そうなれば、学級を単位にした学習の割合が減り、自由選択の割合が増える。そして、それぞれの子どもが自分の計画にしたがって学習を進める。学級というまとまりは意味を失い始める。

学級の比重が少ない学校の例を、欧米に求める必要はないのかもしれない。日本でも学習塾やけいこごとでは学級が大きな意味を持たないことが多い。学習塾で学級を単位にした授業が行なわれている場合は、学力的に同じレベルの子どもを集めて教えたほうが効率が良いから、便宜上集団ができているにすぎない。したがって、同じ学級だからといって、子どもは学級としてのまとまりを感じる、

134

あるいは、帰属意識を持つ必要はない。

それぞれの子どもが自分の学習計画を持ち、自分の計画にしたがって学習をする。子どもが個人個人のペースで学習するスタイルをとり始めた場合、学級集団は不要となる。そうなれば、これまでふれたような「学級にいじめがあり、担任の指導力欠如が加わり、学級が荒れている。その結果、学校へ行っても居場所がない」というような状況は生まれなくなる。

学習は個人を単位に展開される。そして「個人に学習機会を提供する場が学校」というとらえ方である。そうした指摘をすると、非現実的な提案のように思われがちだ。しかし、すでにふれたように欧米の学校は個人の学習を基調として運用されているし、日本でも明治期の学校では試験による進級制度や飛び級制度がとられていたから、個人ベースの学習は日本と無縁なものではない。

さらに、成人の場合なら、大学もそうした性格を持っているし、日本でも学習塾は個人ベースである。さらに、個人をベースにした機関のほうが一般的であろう。

したがって、小中学校でも学級を解体して、個人をベースにした学習を基本とするのは、学校改革の望ましい方向のようにも思われる。ただし、個人をベースにする学習は、外国語学校や専門学校がそうであるように、特定の技術や知識を習得する学習に適している。

小学校の運用を個人ベースにする場合は、国語や算数などの基礎学力の伝達を学習の主たる目標とする場合であろう。具体的には、学力別（習熟度別）の学級編成を行ない、個々の学力に対応した個別学習を進めるほうが効率的となる。

もちろん、学習を個人ベース化すると、学級の制約がなくなるから、学級が荒廃して学校に居心地が見出せないような状況は解消されよう。しかし、これまで多くの子どもは学級を安住の地にしていた。

これまでくり返し指摘してきたように、子どもが学校に行っているといっても、それは自分の学級に行くことだった。学級に行けば、決まったところに自分の机や椅子があり、親しい友だちもいる。同じ仲間と三か月、そして、半年と時間を過ごすうちに、仲間意識も育ってくる。その結果、学級は子どもにとって「第二の家庭」的な意味を持つ安住の場として機能することになる。

そうした安住の場をなくすと、これまで以上に、個々の子どもが孤立化し、落ち込む子どもが多くなるのではないか。

アメリカの学校を訪ねると、個人ベースで運営されるので、自己管理ができ、社会性を持った子どもはのびのびと学習している印象を受ける、しかし、自分を主張できない子どもや引っ込みがちな子どもが学習から脱落していく姿を見かけることが多い。それと、学級内の荒れが見られないかわりに、校内で子どもがトラブルを起こす校内暴力的な行動も目につく。したがって、学習の個別化は問題状況を拡散するだけで、事態がかえって悪化することも考えられる。少なくとも、個人ベースの学習が始まれば、また、新しい状況が生じるので、個人化が学校のあり方を考える際の特効薬とはいえないように思われる。

3 孤立に慣れた成長のスタイル

こう考えてくると、将来の学校を動かす軸を、個人ベースにとるか、集団ベースにとるかは、学校が子どもの人間形成に果たす役割に関係してくる。

そうなると、現在の子どもがどういう成長のスタイルをたどっているのかを検討する必要が生まれる。

現代の子どもの成長をいくつかの観点からとらえることが可能だが、もっとも特徴的なのは電子メディアの中での成長であろう。ものごころがついて以来、テレビやテレビゲーム、ビデオ、ラジカセなどが自分を取り巻いている。子ども部屋の中で、そうした「メカニックな友」を相手に時間を過ごしていると、一人でいるのをさびしく感じなくなる。というより、友だちといる時は気を遣うので疲れるが、自分一人ならマイペースで時間を過ごせるので、友を避けるようになる。

しかも、そうした暮らし方が乳幼児期から青年期にかけて続く。メカニックな友を相手に、一人でいるのに慣れた成長のスタイルはどういう子どもを育てるのか。ものごとにはメリットとデメリットがある。電子メディアの中での成長の功罪を考えてみよう。

① 間接体験は豊富だが、直接体験が乏しい

テレビに象徴されるように、電子メディアに囲まれていると、間接体験は豊富になる。幼児でも、アメリカの出来事をおとなと同じ時間に目にする。そうした反面、「自分の手で触れる」や「目でたしかめる」ような直接体験に欠ける。図鑑を通して草の名を知っていても、現物を見たことはない。トンボの一生は知っているが、さわったことがないなどが、その

② 個人としてはよい子だが、集団行動が不慣れ

電子メディアの中で育つ子どもは、人とのつきあいが少ないので、自己中心的な行動をとりやすいが、悪い子どもではない。聞き分けもよく、個人としてみると、よい子どもである。しかし、集団的な行動を苦手にしている。友だちといるだけで疲れる子どもたちである。その結果、不適応感が爆発したり、抑圧したりするなかで、不登校やいじめ、学級の荒れなどの不適応現象が生まれがちになる。

③ 従順だが、意欲に欠ける

電子メディアは自分から動かなくとも、メディアのほうから情報を提供してくれる。それだけに、メディアとの接し方に慣れているので、現代の子どもたちは受容する態度を身につけている。従順なのはたしかだが、自分から何かをする態度に欠ける。意欲に乏しい子どもたちである。

こうした三点はそれぞれに大きな問題をはらみ、これからの学校のあり方にも関連してくる。一例をあげよう。これまでの子どもは、直接体験の中で暮らしてきた。しかし、現在のように子どもの間接体験が肥大化し、直接体験が矮小化されると、学校で間接体験を伝達することの必要性が薄れ、それとは逆に、学校の中で直接体験をいかに与えるのかという新しい問題が生まれてくる。

そして、本稿のテーマに則していうなら、②の社会性のなさが重要になる。すでにふれたように現在の子どもは孤立に慣れた生活を送っている、家族を例にとれば、核家族化

138

が進み、きょうだいの数が減った。子ども部屋の中で、テレビやマンガに囲まれ、ぼんやりと一人きりの時間を過ごしている。

家庭内での孤独と同時に、子どもの回りに友だちの姿がみえないのも問題になる。家の周りのごと遊びも見られないし、地域にガキ大将を中心とした遊びの群れもない。かくれんぼや鬼ごっこは郷愁の世界の遊びになりつつある。放課後の子どものうち、外出する者は学習塾やけいこごとへ通い、その他の子どもは家の中でテレビを見たり、ゲームをする感じで、友だちとのふれあいを持てない。このように、現在の子どもが友とふれあうのは、学級の中で、昼休みや休み時間に、友だちと話す程度で、異年齢の子と接触する機会は少ない。

さらにいえば、子どもは地域に出て行かないので、家族以外のおとなとふれあうことも稀だ。そうなると、親（親類）と担任（校長を含めて、教師）以外のおとなといえば、家庭や学校、塾（けいこごと）など、いずれも子どもを庇護する場で、子どもはおとなに保護されて時を過ごす。そうした意味では、他人の住む社会で暮らした経験に乏しい。

こうした叙述をするまでもなく、電子メディアに囲まれて育つ現在の子どもは社会的な集団経験に乏しい。おとなといえば親か教師、子どもはきょうだいか同級生という狭い人間関係の中で成長している。

4 「社会性を育てる」を学校の基礎に

こうした子どもの成長を視野に入れると、すでにふれた「個人ベースの学校作り」は現在の子どもに適した学習のスタイルのように思われる。一人ひとりの子どもがマイペースで学習を進める形を歓迎する子どもも多かろう。しかし、そうした学習の形を進めた場合、ひとりでいることに慣れた子ども特性が持ち越され、子どもの社会性が育ってこないように思われる。

すでにふれたように電子メディア社会になると、子どもの周りにテレビをはじめパソコンなど、情報を伝達する多様なメディアがある。したがって、学校へ行かなくとも知識獲得はできる。そうした延長線上に、近い将来、在宅のまま学習をする遠隔教育のシステムが広まる可能性も考えられる。

そうした場合、友たちと出会い、友だちとつきあい、友だちとの接し方を学ぶ場をどこに求めたらよいのか。さらにいえば、友だちと話し合い、互いに相談しながらみんなと一緒に知恵をだしあって問題を解決していく過程をどこで習得できるのか。また、異年齢の友だちやおとなのいるより大きな集団の中での行動の仕方をどこで習得できるのかが問題になる。

いじめや授業の荒れ、不登校などの問題の背景に人間関係の保ち方が不器用で、集団生活を苦手とする子どもたちの特性があるといわれる。そして、これから先、ひとりでいることに慣れ、人との交わりを苦にするタイプの子どもの増加が予想される。

そして、残念ながら、現在では、子どもの社会性を育てる場を学校以外に見出しにくい状況にある。まして、家庭にいるのは親ときょうだいが一人か二人だけだし、地域に遊びたわむれる子どもの姿はない。そして、地域で子どもとおとながふれあう機会は乏しい。

これまでの学校では、経費的な面を考えて、集団性を保持してきた。一人の先生が同じ学力を持つたくさんの子どもに授業をするほうが効率的であった。だが、これからの学校では、そうした効率的な意味での集団は不必要になるのかもしれない。しかし、くり返し指摘しているように、個々の子どもは一人でいるのに慣れ、集団的な体験に乏しい。さらに、そうした社会的な体験を積める場を家庭や地域に見出せず、学校が集団性を育てることの可能性は唯一の場となる。

考え方によれば、知識や技術を伝達するという学校の使命は、電子メディア化の進展とともに縮小されていく。それとは反対に、子どもに集団の中での行動の仕方を身につけさせるというような働きはこれからますます大事になってこよう。

学校はその時代なりに子どもに必要とされるものを習得させることを使命としてきた。とらえ方からすれば、知識の伝達を過去の学校の使命とするなら、社会性の涵養は未来の学校の課題となる。したがって、経済的な見地から便宜上学級を作るのではなく、学校としては社会性を育てる観点から、積極的に学級作りを試みるべきであろう。

5　新しい意味で「学級王国」作りを

このように学校作りの単位を、個人ではなく、学級に求めようとする時、かつての「学級王国」というとらえ方が浮かんでくる。学級王国が説かれたのは大正末期から昭和の初め頃で、貧困のために子どもが学校へ来るのはたいへんな時代だった。弁当を持ってこられない子どもや教科書代を払えない子どもも少なくなかった。

そうした状況の子どもに、「学級は家族と同じだ。学級に来たら、みんながきょうだいなのだから、うれしいことはもちろんだが、苦しいことや悲しいことを話し、そして、どうしたらよいかみんなで考えよう。集団で苦しいことを乗り超えよう」というような福祉的な考えが学級作りの底流にあったと考えよう。

不況が続く現在でも、経済的な面では昭和初期のような深刻さはないが、精神面では多くの問題が生じている。そこで、学級作りを教育の根本に据えて、真剣に学級作りに取り組んではどうか。

このところ、学級王国的な考えは子どもを学級に囲い込むようなニュアンスがあって、否定的な評価をされることが多かった。それだけに、長い間、教育界で受け継がれてきた学級王国のノウハウが断絶した感じがする。

しかし、学級王国作りは、大正自由教育や生活綴り方運動、北方教育運動、コア・カリキュラム運動、集団主義教育など、おりおりに工夫が積み重ねられてきた。それだけに、多くの教育遺産が蓄積されている。そのいくつかを紹介してみよう。

① どの子どもにも役割を

学級内のどの子どもにも役割を持たせるようにする。そして、どの子どもも学級のどこかの場面で主役になれるようにする。そのためには、どういう係りを作るかが大事になる。

② 班活動を活発に

学級内にいくつもの班を作り、学習や生活の基本単位にする。その際、班の作り方が大事になるので、班の作り方も子どもに考えさせることが必要であろう。それと同時に、班を長期間固定化すると、リーダー格の子どもが偏るので、班の組み換えも必要となる。

142

③ 学級のルール作りを

子どもたちに学級の憲法のようなルールを作らせ、それを守らせる。そして、次の学期にルールの見直しをする。みんなで話し合い、ルールを作り、守ることの大事さを学ばせる。

④ 互いの良さを認め合う

ホームルームの時間などを利用して、自分の気持ちを話すと同時に、友だちのこういう良い面を見つけたというような話し合いを持つ。

⑤ 学級通信を作る

学級通信を定期的に発刊することとし、誕生日の子どもへのインタビュー、好きな動物のリストなど、子どもの情報を盛り込み、教室の壁に張り出す。編集担当の子どもを決め、可能なら、定期的に担当を交代して、学級の全員が編集に携われるようにする。

⑥ 学級の歌や旗を作る

学級の歌や旗を作ることとし、みんなで歌（旗）作りをする。そして、運動会や遠足、学芸会などの折に、学級の歌（旗）を歌い、学級を盛り上げる。

その他の工夫をこらせば、学級は子どもにとっての充足感を持てる居場所になろう。そうして、楽しく充足感を持てる学級が一学級でも増えてくれば、その分だけ、学校を居場所にできる子どもが増加する計算になる。

6 学級の枠を緩める試みを

このように多くの担任が意欲的な学級作りを試みたとしても、今回の調査結果をふまえると、一定の割合で問題を抱える学級王国が存在する可能性を否定できない。

それだけに、学級王国の再生を提唱すると同時に、学級制の影の部分として、居心地の良くない学級にいる子どもへの配慮が必要であろう。

① 他学級との交流を積極的に

一つの学級があまりに閉鎖的だと、外部からの風が入らず、独善的になりやすい。総合的な学習の時間や給食の時間など、多くの機会を利用して、他学級との交流を試みることが望ましい。

② オープンデーを作る

ともすると学級は閉鎖的になりやすい。したがって、月に二日程度でよいと思うが、オープンデーを設定したい。もちろん、いつもオープンという考え方もあるが、学習の妨げになる場合も予想されるので、オープンの日を限定するのが現実的な対応であろう。そして、オープンの日は、親とか他学級の教師、地域の人などが自由に学級を見学できるようにしたい。

③ 保健室の充実を

学級に居場所を見つけられない子どもの集まる場は保健室であろう。保健室で話しているうちに気持ちが変わって、学級にもどっていく子どもも少なくない。それだけに保健室は学級を補完する大事な機能を果たしている。保健の先生は、一人でたくさんの子どもの体から心の健康までする大事な機能を果たしている。そのため、一人ひとりの子どもへの対応ができない場合が多い。それだけに、保健責任を負う。

④ 学級の問題の事例研究会を定期化

学級の問題に教員全体が関心を持つようにする。学年単位でも話し合う会議を持つようにする。一学期に一回程度、各学級の問題をみんなで話し合う会議を持つようにする。問題を抱える子どもへの対応など、事例研究会のような催しを定期化し、学級経営についての各教師の力量を高める工夫をこらしてほしい。

⑤ 学級移籍を認める制度を

どの子どもも学級になじまない場合がありうる。そうした前提に立って、学級移籍を認めるシステムを制度として作っておく必要があろう。同じ学校の他学級への移籍も考えられるが、他校への移動も視野に入れた制度化が必要であろう。

7 「教える」から「支える」への転換

このように学級を学校の基本的な単位にする。しかし、学級の壁は緩やかにして、他学級との交流にも配慮する。そうした形の学校作りを試みた場合、担任の果たす役割が大事になる。とくに子どもが社会的に未成熟な状況を考えると、学級作りにあたって、担任の苦労は計り知れないものがあろう。日本の教師が授業について優れた指導技術の持ち主であることはよく知られている。しかし、学級集団の扱いや子どもへの個別の対応などを苦手としている教師は少なくない。

1章でふれた9校の小学校、57学級を、子どもからの担任評価の高い群と低い群とに二分してみた。

そして、教師のどういう態度が子どもからの評価に影響を与えるのかを調べてみた。

① 子どもからの評価の高い先生・上位四項目

「頑張ってね」といわれる	27・9％
先生からほめられる	21・2％
先生から挨拶される	18・7％
面白い話をしてくれる	14・9％

② 子どもからの評価の低い先生・下位四項目

厳しく注意される	11・7％
先生が約束を破る	10・8％
先生から傷つくような言葉をいわれる	8・9％
先生から無視される	8・5％

（「しょっちゅう」「わりと」ある割合　上位―下位）

こうしてみると、子どもを励ましたり、ほめたりして、子どもと人間的なコンタクトのとれる教師への評価が高い。それに対し、約束を破ったり、傷つく言葉をいったりするような、人間的に信頼できない教師は好きになれないという。

子どもは教師に教育技術というより、人間的な信頼感を求めている。そうした信頼感があれば、教師を中心に子どもが集まって、充足感の持てる学級が作れよう。そうすれば、学校が楽しくなる。しかし、教師に対する人間的な不信感が強まると、学級内の充足感が低下する。

146

終章 楽しい学校は可能か

そう考えてくると、教師が「子どもに知識や技術を伝達する教える人」から「子どもを励まし、動機づける子どもを支える人」へ、教師の役割意識を転換することが大事になろう。

あとがき

　居心地としての学校というテーマを緊急に関連させて考えるようになったのは、かなり昔になる。

　若い頃、奈良教育大学に勤務し、教育系の授業の一こまとして、「観察参加」という授業を担当していた。毎週学生を連れて、附属小学校へ行き、授業を見せてもらい、その後、授業をめぐって、教師と話し合う授業である。毎週一回で、年間三十回以上、そうした形で授業を見学した。奈良教育大学に十八年勤務したから、五百回以上授業を見学した計算になる。

　そうした体験を重ねるうちに、学級差の大きさを痛感するようになった。部屋に入っただけで、元気な子どもの声が聞こえ、楽しい感じの学級もある。そうした一方、しんと静まり返って、子どもが仮面を被っているようなふんいきの学級もある。

　楽しい学級にいる子どもは毎日のびのびとした学校生活を送れるが、暗い学級の子どもは退屈な学校生活を過ごすことになる。同じ学校の同じ学年でも、学級によって楽しさの開きが大きい。そうした経験から、学校の楽しさの根底は学級にあると思うようになった。

　教育社会学の研究者として、さまざまなテーマを手がけてきたが、そのなかでも、「子どもにとっての先生」や「学校生活の中で学級の持つ重み」などは、長い期間調査を重ねるテーマだった。

　本書の内容は、そうした研究の軌跡上にあるものだが、日本子ども社会学会や日本教育社会学会の先輩、友人、若い仲間たちから多くの示唆をいただいた。そうした刺激の中で研究を進めてきた思い

がする。あらためて、多くの研究仲間に感謝したい。

調査にあたって、多くの人たちの協力を得た。調査協力校の先生たち、子どもたちに感謝したい。それと同時に、調査のアレンジをしてくれたベネッセ教育研究所所員の皆さんの協力も感謝したい。さらに、研究会同人の先生方のお陰でもある。

現在、東京成徳短期大学に籍を置いて、東京成徳大学子ども学部の開学準備を進めている。総合的に子どものことを考える学部作りを目指しているが、東京成徳大学理事長・木内四郎兵衛先生、東京成徳短期大学学長・木内秀俊先生をはじめ、東京成徳学園関係者にさまざまな面で励ましていただいた。感謝の気持ちを述べさせていただきたい。

なお、本書のベースになっている調査は、以下の形で発表されている。

1 「学校ってどんなとこ―子どもたちの学校評価―」モノグラフ・小学生ナウ・Vol.20―2 ベネッセ教育研究所、二〇〇〇年十一月刊（1、2章の分）
2 「居場所としての学校」モノグラフ・中学生の世界・Vol.69」ベネッセ教育研究所、二〇〇一年九月刊（3、4章の分）
3 「子どもにとっての教師―第5回国際教育比較調査報告書―」別冊モノグラフ・小学生ナウ、ベネッセ教育研究所、一九九七年九月刊（終章の分）

二〇〇三年　五月

深谷　昌志

刊行にあたって

　日本子ども社会学会は1994年6月に発足し，10年目に入った若い学会である。子どもの側に立って「子ども」と「子ども社会」の問題を研究するのが目的で，会員は教育学，教育社会学，発達心理学，臨床心理学，児童精神医学，児童福祉学，児童文学など，多様な領域の専門家から構成されている。会員の中には，大学に籍を置く研究者はむろん，小中学校や幼稚園，福祉施設などで，日常的に子どもと接している人びとも多い。

　その後，研究大会の開催や学会紀要の刊行などを中心に，学会活動を展開し，学会のメンバーも順調な増加を示している。学会発足時の性格を反映して，本学会の研究は，子どもの問題を実証的にとらえ，子どもの視点で対応を考えるという問題解決的な色彩が強いことを特色としている。

　学会のそうした研究成果の一端は，1999年に『いま，子ども社会に何がおこっているか』（北大路書房）として刊行することができた。

　学会の研究成果の刊行は，専門分野に関連した事典やハンドブックの形が一般的だ。専門家の協力を得やすいし，専門的なレベルも保てるので，こうした企画は学会の性格に適していると思われる。

　しかし，今日，あらゆる学問領域で専門分野の細分化が進み，細分化された諸領域での研究が深まる反面，そうした諸研究の総合化がなおざりになっている。あるいは，隣接する領域の動向が視野からはずれる傾向も生じている。

　それだけに，細分化の成果を踏まえつつ，総合的視点も持った，骨組みのしっかりとした研究の必要性が感じられる。そこで，子どもと子ども社会研究の成果を書き下ろす「単著シリーズ」の刊行を企画した。

　研究者歴が長くなると，雑用が増し，初心を忘れがちになる。それぞれの筆者に，長い研究者歴の中で生み出してきた知見をまとめてほしいと思った。それが，「日本子ども社会学会セレクション」である。今回は4冊と限られているが，今後，第2期企画を検討したいと考えている。

　さいわい，前著に続き，北大路書房のご協力を得ることができた。出版事情の厳しい現在，企画に賛同していただいた北大路書房に感謝しているとともに，本学会のいっそうの発展を願っている。

　　2003年5月5日　子どもの日に

　　　　　　　　　　　　　　　　　　　日本子ども社会学会会長
　　　　　　　　　　　　　　　　　　　　　　　深谷　昌志

深谷昌志（ふかや・まさし）

1933年　東京都に生まれる
　　　　東京教育大学大学院博士課程修了（教育学博士）
　　　　奈良教育大学，放送大学，静岡大学教授などを経て，
現　在　東京成徳大学子ども学部学部長（教育社会学専攻）
主　著　良妻賢母主義の教育　黎明書房　1961年
　　　　学歴主義の系譜　黎明書房　1963年
　　　　女性教師論　有斐閣　1980年
　　　　孤立化する子どもたち　NHKブックス　1982年
　　　　無気力化する子どもたち　NHKブックス　1988年
　　　　親孝行の終焉　黎明書房　1995年
　　　　子どもの生活史　黎明書房　1996年
　　　　子どもらしさと学校の終焉　黎明書房　1999年　など

日本子ども社会学会セレクション

学校とは何か
「居場所としての学校」の考察

ⓒ 2003　Fukaya Masashi

2003年6月20日　初版第1刷発行
2009年4月20日　初版第2刷発行

著　者　深谷昌志
発行者　小森公明
発行所　㈱北大路書房

Printed in Japan.　ISBN978-4-7628-2324-4
印刷・製本／シナノ書籍印刷㈱

定価はカバーに表示してあります。
検印省略

〒603-8303　京都市北区紫野十二坊町12-8
電話（075）431-0361㈹
FAX（075）431-9393
振替　01050-4-2083

落丁・乱丁本はお取り替えいたします